CROQUE lignes

Programmes 2008

Sous la direction
de Jean Émile GOMBERT
professeur de psychologie des apprentissages
à l'université Rennes 2

FRANÇAIS CE1

Cahier d'exercices

Olivier DARTOIS
Professeur des écoles

Serge HERREMAN
Professeur des écoles et formateur IUFM

Paul-Luc MÉDARD
Directeur d'école

Nicole MÉNAGER
Maître de conférences en linguistique française
à l'université Rennes 2

Carine ROYER
Maître de conférences en psychologie cognitive
à l'université de Cergy-Pontoise IUFM

Sophie SNÉGAROFF
Professeur des écoles

Le papier de cet ouvrage est composé
de fibres naturelles, renouvelables,
fabriquées à partir de bois
provenant de forêts gérées
de manière responsable.

Nathan

Sommaire

Compréhension | **Étude de la langue**

Unité 1

Unité 2

Unité 3

Unité 4

Unité 5

ISBN : 978-2-09-122513-5

Sommaire

Compréhension • Épisode 1

pages 6-7

1. Entoure le titre de l'histoire.

Renard et Ysengron • Renart et Ysengrin • Renard et Ysengrin

2. Complète les phrases avec les mots de la liste.

Ysengrin • goupil • Renart • loup

__________ est un __________ .

__________ est un __________ .

3. Coche la bonne réponse.

- Où vont les deux compères ?

☐ Chez le souriceau. ☐ Dans la forêt. ☐ Au village.

- Que transporte le paysan ?

☐ Une énorme saucisse. ☐ Un énorme jambon. ☐ Un énorme poulet.

- Qui s'enfuit avec le jambon ?

☐ C'est Ysengrin. ☐ C'est le paysan. ☐ C'est Renart.

4. Dessine les animaux suivants.

un loup — un souriceau — un renard

Écriture

Ali et Aziza habitent en Algérie.

1. Complète les cases bleues du tableau.

son [o] ou son [ɔ]		
lettre ___ la f___rêt	lettres ___ ___ p___vre	lettres ___ ___ ___ un morc___

→ Mémo, p. 4

2. Classe les mots suivants dans le tableau ci-dessus.
Attention, ils ne contiennent pas tous le son [o] ou le son [ɔ] !

un gâteau • une fois • elle tombe • aussi • une rose
à gauche • vous • un cadeau • une moto

3. Complète les mots avec les lettres qui produisent le son [o] ou le son [ɔ].

il est b___ quelque ch___se un souric___
c'est f___x le loup va se rep___ser il fait ch___d

4. Mets les lettres dans l'ordre pour écrire le mot qui correspond au dessin.

ÉOLV

un ___

AEUST

il ___

AAEUBT

un ___

AEOUBRC

un ___

Écriture

La forêt est autour du château.

Grammaire • La phrase (1)

page 18

1. Complète les phrases du mémo avec les mots suivants.

majuscule • mots • ordre • point

Une phrase est un groupe de ______________ qui a du sens.
Les mots doivent être dans le bon ______________ .
Une phrase commence par une ______________ et finit par un ______________ .

→ Mémo, p. 16

2. Écris une phrase avec ces mots. Attention, n'oublie pas la majuscule et le point !

paysan • marché • au • un • va

____

des • et • des • il • fruits • légumes • vend

____

3. Coche les phrases correctes.

- ☐ Sur l'autoroute passent des automobiles.
- ☐ Une vitesse roule à toute voiture.
- ☐ Une moto de police, très beaucoup rapide, la suit.
- ☐ Elle rattrape le véhicule et l'oblige s'arrêter.
- ☐ Enlevant son casque, le motard s'approche.

4. Mets une croix à l'endroit où il manque un mot dans la phrase.

Mon frère construit une en bois.
Il des clous avec le marteau.
Il peint les murs avec de peinture blanche.

5. Recopie et complète les phrases de l'exercice 4 avec des mots de ton choix.

____

____

____

____

____

____

Orthographe • Les sons [u] et [wa]

page 19

1. Complète les cases bleues du tableau.

son [u]	son [wa]	mots avec le son [u] et le son [wa]
lettres ___ ___ le l___p	lettres ___ ___ v___ci	
______ ______	______ ______	______ ______

→ Mémo, p. 4

2. Classe les mots suivants dans le tableau ci-dessus.
Attention, ils ne contiennent pas tous le son [u] ou le son [wa] !

un mois • la bouche • un coin • un pion • un mouton
la foire • pourquoi • violent • un couloir

3. Entoure le mot entre parenthèses qui convient.

Il était une (fous / fois) un petit canard. Il était seul depuis des (mous / mois). Un (sourd / soir), il vit passer la fille du (roux / roi). La princesse l'embrassa sur la (joue / joie). Il se changea en prince et dit : « Merci pour (tout / toi) ! »

4. Complète les mots avec les groupes de lettres ou ou oi. Puis relie chaque mot au dessin qui convient.

une p___re • une amp___le • un ___seau

un d___gt • une d___che • une r___e

Écriture

Voici un loup tout poilu !

Vocabulaire • L'alphabet

page 19

1. Complète les phrases du mémo avec les mots suivants.

consonnes • voyelles • alphabet • lettres

En Français, on utilise 26 ______________. Il y a 6 ______________ et 20 ______________. L'ensemble de ces lettres forme l' ______________.

→ Mémo, p. 34

2. Écris en majuscule les lettres de l'alphabet dans l'ordre et tu découvriras des prénoms.

___riane	___onoré	___céane	___ictor
___oris	___nès	___akize	___ilfried
___lara	___ulien	___uentin	___avier
___jibril	___enza	___omane	___annis
___lsa	___ouis	___etsuko	___oé
___ranck	___aïa	___héo	
___aëlle	___adjib	___ma	

3. Entoure les 6 voyelles.

A B C D E F G H I J K L M N O P Q R S T U V W X Y Z

4. Colorie les voyelles en bleu et les consonnes en vert.

LE CORPS

AU LYCÉE

L' OISEAU

5. Dans cette phrase, toutes les lettres de l'alphabet sont présentes sauf une. Écris la lettre qui manque.

Au zoo, j'ai vu un yack fou, dix wapitis, un bon gros koala ainsi qu'un chaton mignon.

• La lettre qui manque est la lettre ___ .

Compréhension • Épisode 2

pages 8-9

1. Complète les phrases avec les mots *Renart* ou *Ysengrin*.

- ______________ arrive à la chaumière d'______________ .
- ______________ raconte que les chiens du seigneur lui ont mordu la queue.
- Mais ______________ sent l'odeur du jambon !
- Le goupil s'est fait rouler par ______________ .

2. Vrai ou faux ? Coche la bonne réponse.

	Vrai	Faux
Renart et Hermeline ont quinze enfants.		
Le loup dit qu'il s'est fait mordre par un chien.		
Les chiens ont mangé le jambon.		
Renart perce un trou dans le toit d'Ysengrin.		
Hermeline va pouvoir manger du jambon.		

3. Relie chaque début de phrase à la fin qui convient.

Le drapier vend •	• des bœufs.
Le porcher garde •	• des poteries.
Le bouvier s'occupe •	• des draps.
Le potier fabrique •	• des porcs.

4. Écris les phrases en mettant les groupes de mots dans l'ordre.

- [et cogne] [Renart arrive] [à la porte.] [à la chaumière]

____

- [le jambon.] [et décroche] [se glisse] [Le goupil] [dans la chaumière]

____

Écriture

Beaucoup de Belges s'appellent Bram ou Brent.

Orthographe • Le son [ɔ̃] et le son [ɑ̃]

page 20

1. Complète les cases bleues du tableau.

son [ɔ̃]	son [ɑ̃]	
lettres __ __ la mais____	lettres __ __ d____s	lettres __ __ souv____t
________ ________	________ ________	________ ________

➜ Mémo, p. 4

2. Classe les mots suivants dans le tableau ci-dessus.
Attention, ils ne contiennent pas tous le son [ɔ̃] ou le son [ɑ̃] !

il entre • un bâton • elle chante • une couronne • un âne
étonnant • encore • il est venu • un canon • une anémone

3. Complète les mots avec les groupes de lettres on ou an.

- Elle joue au ball____ .
- Il se pèse avec une bal____ce.
- Nous m____t____s l'escalier.
- On a appris une ch____s____.

4. Complète les mots avec les groupes de lettres on ou en.

- Il att____d le bus.
- Il fait un grand b____d.
- Elle met du vernis à ____gles.
- Ne dis pas de m____s____ge !

5. Mets les lettres dans l'ordre pour écrire le mot qui correspond au dessin.

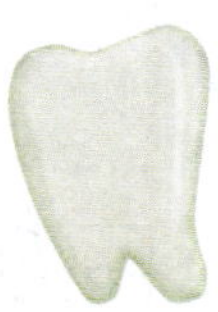
NDTE
une ________

ACELN
il ________

EENTT
une ________

DENOR
une ________

EGLNOP
elle ________

Écriture

L'enfant mange de bons champignons.

Grammaire • La phrase (2)

1. Complète les phrases du mémo avec les mots suivants.

exclamative • déclarative • interrogative • majuscule

Une phrase ________ commence par une ________
et finit par un point .

Une phrase ________ finit par un point d'interrogation ?.

Une phrase ________ finit par un point d'exclamation !.

→ Mémo, p. 16

2. Compte le nombre de lignes et le nombre de phrases de ce texte.

L'automne est ma saison préférée. Dans le jardin, on ramasse
des poireaux et des courges. Les pommiers et les poiriers
donnent leurs fruits. Les arbres se couvrent de couleurs
merveilleuses. Mais, ce que je préfère, c'est l'odeur humide
des sous-bois, quand on marche, le nez baissé,
à la recherche de beaux champignons.

- Il y a ____ lignes.
- Il y a ____ phrases.

3. Coche le type de chaque phrase.

- Pascal, je trouve que tu as de drôles d'idées !

☐ déclarative ☐ interrogative ☐ exclamative

- Nos cousins viendront-ils dimanche prochain ?

☐ déclarative ☐ interrogative ☐ exclamative

- J'entends aboyer le chien du voisin, j'espère qu'il n'a pas de problème.

☐ déclarative ☐ interrogative ☐ exclamative

4. Écris le point qui convient : ., !, ?.

- Avez-vous téléphoné au médecin ____
- Je pense que nous devrions aller plus souvent à la piscine ____
- Comme c'est étrange ____
- Je mets mes chaussures et je vais jouer ____

Orthographe • Le son [e] et le son [ɛ] (1)

page 21

1. Complète les cases bleues du tableau.

son [e]	son [ɛ]		
lettre ___	lettre ___	lettre ___	lettre ___
d___jà	mon p___re	la b___te	le f___r
______	______	______	______
______	______	______	______

→ Mémo, p. 5

**2. Classe les mots suivants dans le tableau ci-dessus.
Attention, ils ne contiennent pas tous le son [e] ou le son [ɛ] !**

la tête • un bébé • sa mère • une armée • un rêve
il amène • la boucherie • belle • une pierre

3. Barre le mot qui ne contient ni le son [e] ni le son [ɛ] dans chaque série.

vert	la forêt	une crêpe
il met	il renifle	méchant
une pelle	une portière	il guette
sept	le ménage	un poème
une promenade	un canapé	la boulangerie

4. Ajoute l'accent qui convient sur la lettre e à chaque fois que c'est nécessaire.

Renart a grimpe sur le toit.
Il a vole le jambon.
Avec sa renarde, ils vont faire la fete.
Le toit de la maisonnette est perce.
Ysengrin est tres fâche.

Écriture

Il n'est pas bête. Il est très rusé.

1. Complète la phrase du mémo.

Les mots d'une même ________________ se ressemblent.

→ Mémo, p. 34

2. Relie les mots de la même famille.

calme •	• calmement
casser •	• repartir
la soif •	• incassable
partir •	• assoiffé

3. Écris un mot de la même famille.

- un éléphanteau : ________________
- proprement : ________________
- une chaînette : ________________
- un ourson : ________________
- redonner : ________________
- impossible : ________________
- décharger : ________________
- une chatière : ________________

4. Écris au moins deux mots de la même famille.

- grand : ________________
- le dentifrice : ________________
- une lectrice : ________________

5. Dans chaque série, trouve le mot qui n'est pas de la même famille que les autres. Barre-le.

- fermer • une forme • refermer • une fermeture
- la magie • magique • maigre • le magicien
- la colle • recoller • un collage • la colline
- planter • une plante • un plat • une plantation
- une chanteuse • chanter • une chanson • un chantier

Compréhension • Épisode 3

pages 10-11

1. Précise qui parle : *le seigneur, Renart* ou *Ysengrin* ?

- « Gentil goupil, je meurs de faim. » ➜ ____________________
- « Hélas, mon garde-manger est vide. » ➜ ____________________
- « Qu'on m'apporte mon épée ! » ➜ ____________________

2. Numérote les phrases dans l'ordre de l'épisode. Écris 1, 2, 3 ou 4.

n° ____ Le seigneur arrive et, d'un coup d'épée, lui tranche la queue !
n° ____ Ils se jettent sur la nourriture mais, soudain, ils entendent des cris.
n° ____ Le goupil réussit à s'échapper, mais pas le loup.
n° ____ Dans les caves du château, un festin attend les deux compères.

3. Complète les phrases avec les mots de la liste.

passage • faufilant • muraille • conduit

Renart ____________ le loup au château et pénètre dans un ____________ étroit de la ____________ . Ysengrin le suit, se ____________ avec peine.

4. Imagine ce que dit Ysengrin quand il se retrouve coincé.

____

____

____

Écriture

À Chypre, tu peux rencontrer Callia et Christos.

Orthographe • Le son [e] et le son [ɛ] (2)

page 22

1. Complète les cases bleues du tableau.

son [e]		son [ɛ]		
lettres __ __ un pani____	lettres __ __ vous voul____	lettres __ __ la n____ge	lettres __ __ une m____son	lettres __ __ un jou____
____ ____	____ ____	____ ____	____ ____	____ ____

→ Mémo, p. 5

2. Classe les mots suivants dans le tableau ci-dessus.
Attention, ils ne contiennent pas tous le son [e] ou le son [ɛ] !

un robinet • jouer • assez • du pain • un balai • treize
la paille • du poulet • vous venez • jamais • une reine • un rocher

3. Entoure les lettres qui produisent le son [e] ou le son [ɛ].

- À Paris, on marche au bord de la Seine.
- Il mange une tartine au petit déjeuner.
- Pour mon anniversaire, j'ai eu un bracelet.
- Vous notez deux élèves absents.

4. Complète les mots avec les groupes de lettres ai ou er.

- Il enfile un pull en l____ne.
- Elle mange son goût____.
- Elle est en haut de l'escali____.
- Elle vole sur son bal____.

5. Complète les mots avec les groupes de lettres ei ou ez.

- Il se coiffe avec un p____gne.
- Elle a marqué tr____ze points.
- Vous regard____ un tableau.
- Ils rentrent ch____eux.

Écriture

Voulez-vous aller dans la plaine enneigée ?

Grammaire • Le nom / Le verbe (1)

page 22

1. Complète les phrases du mémo avec les mots suivants.

mots • noms • verbes • phrase

Dans une ______________, il y a différentes sortes de ______________.
On trouve des ______________ et des ______________.

→ Mémo, p. 16

2. Classe les mots dans le tableau en suivant le modèle.

un loup • il attend • une maison • il marche

Des noms	Des verbes
une porte un jambon ______________ ______________	il porte il parle ______________ ______________

3. Des erreurs ont été commises dans le tableau. Barre-les.

Les noms	une route • un vélo • il passe • une voiture • il avance
Les verbes	il avale • il dévore • il mâche • une bouche • il mord

4. Complète le tableau avec les mots qui correspondent aux dessins.

il dort • un lit • il se lève • une chambre

Des noms	Des verbes
 ______________	 ______________
 ______________	 ______________

Orthographe • Le son [ə] et le e muet

page 23

1. Complète les cases bleues du tableau.

son [ə] à la fin des mots courts	son [ə] à l'intérieur des mots	e muet à la fin des mots
lettre ___ l___	lettre ___ un r___nard	lettre ___ mon pèr___
______ ______	______ ______	______ ______

➔ Mémo, p. 5

2. Classe les mots suivants dans le tableau ci-dessus.
Attention aux intrus !

des • un genou • un dessert • ce • du fer • la boule
énorme • la leçon • du miel • en • ne

3. Barre le mot qui ne contient pas le son [ə] dans chaque série.

nos devoirs	debout	il venait
un jeton	autrefois	on repart
la leçon	celui	tu prendras
un chemin	quelqu'un	il refroidit
du gel	petit	ils se lèveront

4. Mets les lettres dans l'ordre pour écrire le mot qui correspond au dessin.

EUNM
le ______

NELMO
un ______

VLHECA
un ______

ECEHULP
une ______

Écriture

Le petit renard traverse le passage étroit.

L'ATELIER des mots • Les mots de la même famille (2)

page 23

1. Complète les phrases du mémo avec les mots suivants.

base • famille

Les mots d'une même ______________ se ressemblent.
Ils ont le même mot de ______________ .

→ Mémo, p. 34

2. Recopie dans chaque colonne les mots d'une même famille puis écris le mot de base dans l'étiquette.

un danseur • souffler • danser
un souffleur • une danseuse • un essoufflement

un nageur	______	______
une nageuse	______	______
une nageoire	______	______
la nage	______	______

3. Recopie dans chaque colonne les mots d'une même famille puis écris le mot de base dans l'étiquette.

un plongeon • un équipage • redresser • équiper • un plongeur
un dresseur • un plongeoir • un équipement • le dressage

______	______	______
______	______	______
______	______	______
______	______	______

4. Écris un autre mot de la même famille.

- un bavard • bavarder • ______________
- un bain • un baigneur • ______________

Compréhension • Partie 1

pages 26-27

1. Entoure les personnes qui vivent ou qui travaillent dans un château.

des soldats • des danseuses • le seigneur • des serviteurs • des paysans
des ménestrels • des convives • des nageurs • des musiciens • des jongleurs

2. Vrai ou faux ? Coche la bonne réponse.

	Vrai	Faux
Le seigneur du château et sa famille sont riches.		
Pour le banquet, les serviteurs apportent de la nourriture très salée.		
Les ménestrels chantent des chansons.		
Les chaumières des paysans sont en brique et en terre séchée.		
Toute la famille du paysan mange et dort dans la même pièce.		

3. Complète les phrases avec les mots de la liste. Attention à l'intrus !

culotte • fourrure • laine • sabots • toile • colorées

- Pour le banquet, les femmes revêtent des robes __________ bordées de __________ .
- Le paysan porte une tunique en __________ grossière, une longue __________ et des __________ de bois.

4. Habille les deux personnages en dessinant leurs vêtements.

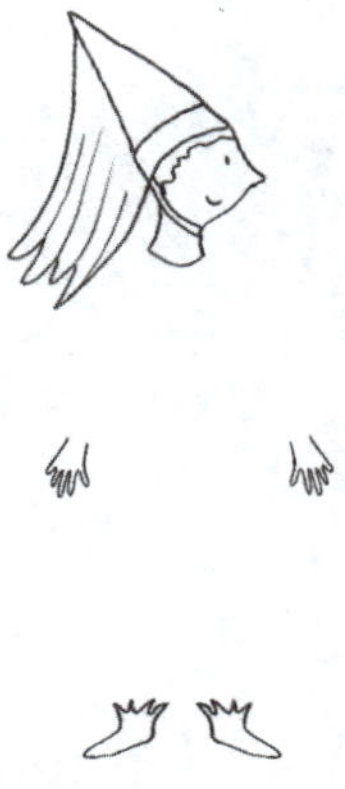

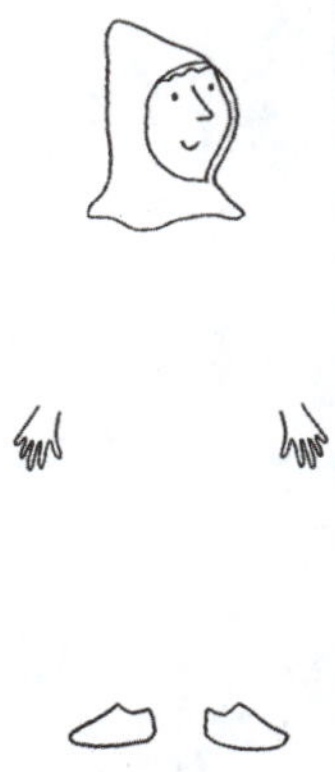

Écriture

Dans un village du Danemark vivent Deniz et Dmitri.

Orthographe • Le son [ø] ou le son [œ] page 38

1. Complète les cases bleues du tableau.

son [ø] ou son [œ]	
lettres ___ ___ le f_____	**lettres** ___ ___ un b_____f
______________________ ______________________	______________________ ______________________

➜ Mémo, p. 6

2. Classe les mots suivants dans le tableau ci-dessus.
Attention, ils ne contiennent pas tous le son [ø] ou le son [œ] !

du beurre • les veaux • des lectures • ma sœur
des œufs • des lecteurs • mon cœur • des pneus

3. Entoure les mots où tu entends le son [ø] ou le son [œ].

Ma sœur Amandine cuisine depuis un moment. Curieux, je lui demande : « Sœurette, qu'allons-nous manger ? » Elle me répond qu'elle prépare des hors-d'œuvre et de la langue. « Mais c'est écœurant ! » Amandine sourit et répond : « Tu verras ! La langue de bœuf, c'est délicieux ! »

4. Mets les lettres dans l'ordre pour écrire le mot qui correspond au dessin.

RŒUC
le ____________

XUROEB
un ____________

DŒNU
un ____________

EEFFICUSO
une ____________

Écriture

Le danseur peut jongler avec deux œufs.

Grammaire • Le nom / Le verbe (2)

1. Complète les phrases du mémo avec les mots suivants.

nom • verbe

Un ______________ désigne un personnage, un animal ou une chose.
Un ______________ désigne très souvent une action.

→ Mémo, p. 17

2. Complète les phrases avec un nom ou avec un verbe.

les noms : une ferme • un élève **les verbes :** il ferme • il élève

- Le maître parle avec ______________ .
- À la campagne, ______________ des lapins.
- Le paysan habite dans ______________ .
- Quand il pleut, ______________ la fenêtre.

3. Indique si le mot souligné est un nom ou un verbe.

une <u>porte</u> = **un nom** • il <u>porte</u> = **un verbe**

- Marc a reçu un <u>cadeau</u>. (______________)
- C'est une <u>bicyclette</u>. (______________)
- Il <u>monte</u> dessus en riant. (______________)
- Heureux, il <u>appuie</u> sur les pédales. (______________)

4. Complète les phrases et coche la réponse qui convient.

- Ce matin, il fait froid, j'ai mis ______________, ______________ et ______________ .

→ *Les mots ajoutés sont* ☐ *des noms* ☐ *des verbes.*

- Dans le gymnase, ______________ à la corde, ______________ sur la poutre et ______________ sur le tapis.

→ *Les mots ajoutés sont* ☐ *des noms* ☐ *des verbes.*

- Pour faire ce gâteau, ______________ trois œufs, ______________ du sucre et ______________ avec une cuillère.

→ *Les mots ajoutés sont* ☐ *des noms* ☐ *des verbes.*

Orthographe • le son [ɛ̃]

page 39

1. Complète les cases bleues du tableau.

son [ɛ̃]		
lettres __ __ un lap____	lettres __ __ __ du p____	lettres __ __ __ un p____tre
________ ________	________ ________	________ ________

→ Mémo, p. 6

2. Classe les mots suivants dans le tableau ci-dessus.
Attention, ils ne contiennent pas tous le son [ɛ̃] !

enfin • un bain • à peine • une ceinture • elle cuisine
des grains • une chienne • les reins • une dinde

3. Barre le mot qui ne contient pas le son [ɛ̃] dans chaque série.

- plein • il peint • un frein • une baleine
- un pépin • malin • une tartine • un lutin
- un train • un nain • une centaine • le lendemain

4. Entoure le mot entre parenthèses qui convient.

Avec mes deux petites (cousins / cousines), nous sommes montés dans un bateau. Un gentil (marin / marine) s'est approché de nous. Il avait des (grains /graines) de beauté sur le nez et un sourire (plein / pleine) de gentillesse.

5. Observe le mot souligné puis écris les lettres qui conviennent pour produire le son [ɛ̃].

- J'ai rencontré une Américaine et un Améric____.
- Il faut que tu freines. Appuie sur le fr____.
- Il patine très bien. C'est le roi du pat____.
- Elle est vilaine mais, toi aussi, tu es vil____.

Écriture

L'invité offre une ceinture à son copain.

Vocabulaire • L'ordre alphabétique (1)

1. Complète les phrases du mémo avec les mots suivants.

ordre • alphabet • alphabétique • lettres • ordre

Les ______________ de l'______________ peuvent être rangées dans un ______________ précis : l'______________ ______________.

→ Mémo, p. 35

2. Écris toutes les lettres de l'alphabet dans l'ordre alphabétique.

____

____

3. Coche les listes où les mots sont rangés dans l'ordre alphabétique.

☐ Liste 1	☐ Liste 2	☐ Liste 3	☐ Liste 4	☐ Liste 5	☐ Liste 6
ami	élève	juste	maison	roue	valise
douche	fille	képi	nid	sous	yaourt
bouée	garçon	île	oiseau	tache	wagon
course	hier	lion	place	usine	zéro

4. Classe les suites de lettres dans l'ordre alphabétique.

B D A C E — N P O Q M — H G F J I — V S U R T

______________ ______________ ______________ ______________

5. Classe les prénoms dans l'ordre alphabétique.

Max • Lili • Noël • Ousman • Victor • Uma • Selma • Tina

______________ ______________

______________ ______________

______________ ______________

______________ ______________

6. Complète les listes de mots rangés dans l'ordre alphabétique par les mots qui conviennent.

rien • enfin • bien • sous • un

- avec • ______________ • chez • dans • ______________
- qui • ______________ • ______________ • tant • ______________

Compréhension • Partie 2

pages 28-29

1. Coche la bonne réponse.

• À qui la terre appartient-elle ?

☐ Aux paysans. ☐ Aux chevaliers. ☐ Au seigneur.

• Quand le paysan braconne, qu'attrape-t-il ?

☐ Des sangliers et des lapins. ☐ Des lapins et des oiseaux. ☐ Des oiseaux et des renards.

• Quel dessin apparaît sur le bouclier du chevalier ?

☐ Le portrait du seigneur. ☐ Son animal préféré. ☐ Le blason de sa famille.

• Lors d'une joute, quelle arme le chevalier utilise-t-il ?

☐ Une lance. ☐ Une épée. ☐ Un arc et des flèches.

2. Complète les phrases avec les mots de la liste.

adversaire • tournois • lance • armure • galop • lance

Les chevaliers participent à des ____________ . Ils portent une ____________ en métal. Chacun ____________ son cheval au ____________ et tente de faire tomber son ____________ avec sa ____________ .

3. Relie chaque définition au nom qui convient.

Période où les gens n'ont plus assez à manger. •	• un piège
Protection en métal que portent les chevaliers. •	• la famine
Objet qui sert à attraper les animaux. •	• le braconnage
Action consistant à chasser, alors que le seigneur l'interdit. •	• l'armure

4. Écris la phrase en mettant les groupes de mots dans l'ordre.

et son courage.	le gagnant du tournoi	Le seigneur acclame	pour son adresse

____

____

Écriture

Les enfants du monde

Esteban et Esmeralda viennent d'Espagne.

1. Complète les cases bleues du tableau.

son [j]			
lettre ___ la p___èce	**lettre** ___ un ro___aume	**lettres** ___ ___ le trava___	**lettres** ___ ___ ___ un ma___ot
______ ______	______ ______	______ ______	______ ______

→ Mémo, p. 6

2. Classe les mots suivants dans le tableau ci-dessus.
Attention, ils ne contiennent pas tous le son [j] !

une bille • un village • le soleil • un yaourt • un gymnase
un papier • un voyage • une oreille • un fauteuil • un pied

3. Complète les mots avec les lettres qui produisent le son [j].

- Il écrit sur une feu______e.
- Elle a pa______é son billet de train.
- Cette sculpture est une vraie merve______e.
- Va ouvrir le porta______.
- La fille de ma sœur est ma n______èce.
- Le no______au de la cerise est petit.

4. Mets les lettres dans l'ordre pour écrire le mot qui correspond au dessin.

EILM

du ______________

AABELY

il ______________

CÉEILRUU

un ______________

EEGILLORSS

des ______________

Écriture

Louis a essayé de se réveiller tôt pour partir au travail.

Grammaire • Le nom / Le verbe (3)

page 40

1. Complète les phrases du mémo avec les mots suivants.

il • un • elle • une

Un nom est un mot devant lequel on peut mettre ________ ou ________.
Un verbe est un mot devant lequel on peut mettre ________ ou ________.

→ Mémo, p. 17

2. Coche le nom ou le verbe comme il convient.

- Mamie téléphone et ☐ une commande / ☐ elle commande une pizza.
- Paul entre chez le fleuriste et achète ☐ une plante / ☐ il plante pour la maison.
- Il verse le café et met ☐ il sucre / ☐ un sucre dans sa tasse.

3. Classe les groupes de mots dans les maisons. Pour cela, observe le premier mot de chaque groupe.

il danse • une danse • un chat
elle donne • il écoute • un chemin

4. Entoure le nom et souligne le verbe dans chaque phrase.

- Une paysanne travaille durement.
- Il obéit à un seigneur.
- Elle cultive la terre.
- Parfois, il attrape un lapin.

Orthographe • Le son [j] (2)

1. Complète les phrases du mémo avec les groupes de lettres suivants.

ien • ein • ion • oin

On entend le son [j] dans ________ et ________ .

On n'entend pas le son [j] dans ________ et ________ .

2. Recopie les groupes de lettres ci-dessus dans les cases bleues du tableau.

son [j]		pas de son [j]	
lettres ___ un l___	lettres ___ il v___t	lettres ___ c'est l___	lettres ___ il p___t
________ ________	________ ________	________ ________	________ ________

→ Mémo, p. 7

3. Classe les mots suivants dans le tableau ci-dessus.

le sien • des freins • un avion • du foin
une réunion • il coince • il repeint • un gardien

4. Barre le mot qui ne contient pas le son [j] dans chaque série.

- la brioche • une cabriole • il pioche • des voiles • une marionnette
- le tien • il teint • il revient • Sébastien • un vaurien • ancien
- une opération • la région • nous nous marions • un coin • une addition

5. Entoure le mot entre parenthèses qui convient.

- Tu lances le dé et tu avances ton (pion / point).
- Je n'entends (rein / rien).
- Le bébé tète le (sein / sien) de sa maman.
- J'ai construit la niche de mon (chien / Chine).

Écriture

Un lion vient près du camion.

L'ATELIER des mots • Les mots composés

page 41

1. Complète les phrases du mémo avec les mots suivants.

deux • union • composés • trait

Les mots comme grands-parents ou garde-manger sont des mots ______ .
Ils sont composés de ______ mots, avec un ______ d'______ entre les deux.

→ Mémo, p. 35

2. Écris le plus de mots composés possible en prenant un mot dans chaque liste. N'oublie pas le trait d'union !

- **liste 1 :** protège • sans • porte • petit
- **liste 2 :** avions • abri • cahier • dents • cœur
gêne • bonheur • plume • clés • fils

______
______
______
______

3. Complète chaque mot composé avec un mot de la liste.

petits • grand • demi • porte

- Le Petit Chaperon rouge porte une galette à sa ______-mère.
- J'ai deux euros dans mon ______-monnaie.
- Mon ______-père joue avec ses ______-enfants.
- Le film dure une ______-heure.

4. Trouve le mot composé en assemblant deux mots de la liste et écris-le.

pont • petit • levis • porte • déjeuner • chien • clés • loup

- Léa boit du chocolat pour son ______-______ .
- On entre dans le château par un ______-______ .
- Il y a trois clés sur mon ______-______ .
- Le ______-______ ressemble à un loup.

Compréhension • Partie 3

pages 30-31

1. Réponds aux questions en utilisant les noms de la liste.

les assaillants • les paysans • les défenseurs • le garde

- Qui fait le guet en haut du donjon ? C'est ______________________ .
- Qui se réfugie à l'intérieur du château ? Ce sont ______________________ .
- Qui attaque le château à l'aide d'un bélier ? Ce sont ______________________ .
- Qui tire des flèches, à l'abri des créneaux ? Ce sont ______________________ .

2. Coche ce que l'on peut découvrir à Guédelon.

☐ Des charretiers qui transportent le bois et les pierres.
☐ Des ouvriers qui utilisent des marteaux-piqueurs.
☐ Des forgerons qui fabriquent des outils.
☐ Des bûcherons qui abattent les chênes de la forêt.

3. Explique ce que font les charpentiers. Tu peux utiliser les mots de la liste.

couper • des échafaudages • le toit • la charpente • du bois • assembler

____

____

4. Légende ce dessin, puis colorie-le. Tu peux t'aider de ton manuel, page 25.

Écriture

D'où viennent Emilio et Cesaria ? D'Amapá, au Brésil.

Orthographe • Le son [b] et le son [p]

page 42

1. Complète les cases bleues du tableau.

son [b]	son [p]	
lettre ___ un ___ois	lettre ___ un ___ois	lettres ___ ___ il a ___elle

→ Mémo, p. 7

2. Classe les mots suivants dans le tableau ci-dessus.
Attention, ils ne contiennent pas tous le son [b] ou le son [p] !

le bord • des poules • un loup • le port • il apporte
elle apprend • des bulles • sept • des pulls

3. Complète les mots avec les lettres b ou p.

des ___alais

un ___alais

une lam___e

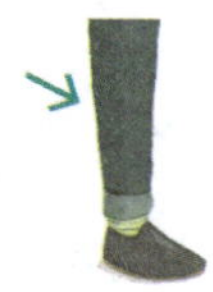
une jam___e

un ___onnet

il ___ique

une ___ombe

une ___ompe

4. Entoure le mot entre parenthèses qui convient.

- La (poule / boule) de pétanque a roulé tout en (bas / pas).
- J'ai un (poulet / boulet) qui (part / barre) toujours du poulailler.
- À la (pêche / bêche), j'ai attrapé un gros (boisson / poisson).
- La porte d'entrée de ce (palais / balai) est très (passe / basse).

Écriture

Il y a une belle pierre dans ce petit bois.

Grammaire • Le nom / Le verbe (4)

1. Complète les phrases du mémo avec les mots suivants.

je • mon • ta • on • ils • sa

Devant un nom, à la place de un ou une, on peut avoir d'autres mots, par exemple : ____ , ____ ou ____ .

Devant un verbe, à la place de il ou elle, on peut avoir d'autres mots, par exemple : ____ , ____ ou ____ .

→ Mémo, p. 17

2. Choisis, dans la liste, des petits mots pour compléter les noms ou les verbes.

la • ton • une • je • on • il • le

____ guerrier ____ résiste ____ pierre

____ enfonce ____ armure ____ essaie

3. Associe les mots deux par deux puis classe-les dans le tableau.

(la) • (il) • elle • je • une • on • mon • le

(brûle) • (poupée) • cadeau • erreur • parle • gagne • roule • moment

Les noms	Les verbes
la poupée	il brûle

4. Relie les mots : en bleu s'ils forment un nom, en vert s'ils forment un verbe. Attention, il y a plusieurs solutions !

ils •	• lampe
cette •	• brillent
elles •	• ampoule
mon •	• éclairent

5. Entoure le nom et souligne le verbe dans chaque phrase.

- Mes poules dormaient tranquillement.
- Soudain, elles entendent du bruit.
- Des renards approchent.
- Le coq crie : « Cocorico ! »

Orthographe • Le son [d] et le son [t]

page 43

1. Complète les cases bleues du tableau.

son [d]	son [t]	
lettre ___	**lettre** ___	**lettres** ___ ___
un ___ oigt	un ___ oit	il a ___ rape

→ Mémo, p. 7

2. Classe les mots suivants dans le tableau ci-dessus.
Attention, ils ne contiennent pas tous le son [d] ou le son [t] !

c'est tard • douce • une lettre • il vend
du vent • la toux • il flotte • il dort

3. Complète les mots avec les lettres d ou t.

une ___ ate

il ___ ousse

un ___ anger

le mon ___ e

une ___ anse

il va ven ___ re

un ___ oit

c'est ___ oux

4. Entoure le mot entre parenthèses qui convient.

- Maman (tonne / donne) un baiser.
- Le cheval (dresse / tresse) la tête.
- Tom (touche / douche) ma main.
- Papa (tarde / darde) à rentrer.

Écriture

J'ai mal au ventre, aux doigts et aux dents.

L'ATELIER des mots • Les noms de métiers

page 43

1. Complète les phrases du mémo avec les mots suivants.

base • métiers

Pour former des noms de ______________, on ajoute souvent eur, ier ou iste à la fin du mot de ______________ .

→ Mémo, p. 35

2. Trouve le mot de base.

- un poissonnier → ______________
- un bijoutier → ______________
- un dentiste → ______________
- un colleur d'affiches → ______________

3. Écris un nom de métier à partir du mot de base.

- la banque → ______________
- la danse → ______________
- le violon → ______________
- la charpente → ______________

4. Relie les parties de mots pour construire des noms de métiers et écris-les.

un art- •		______________
un cont- •	• -iste	______________
un jongl- •	• -ier	______________
un pian- •	• -eur	______________
un pot- •		______________
une serrur- •		______________

5. Complète les noms de métiers.

- La fleur__________ vend de belles roses !
- Dans ce restaurant, il y a un très bon cuisin__________ .
- Le ferm__________ conduit son tracteur.
- Ce chant__________ a une voix très grave.

Compréhension • Épisode 1

pages 46-47

1. Coche la bonne réponse.

• Qui raconte l'histoire ?

☐ Le père. ☐ Le garçon. ☐ Le dauphin.

• Que font les deux personnages ?

☐ Ils apprennent à nager. ☐ Ils pêchent des poissons. ☐ Ils font de la plongée.

• Qu'aperçoivent-ils au fond de l'eau ?

☐ Un canard. ☐ Une étoile de mer. ☐ Un trésor.

• Quel animal se dirige soudain vers eux ?

☐ Un requin. ☐ Un poisson bleu. ☐ Un dauphin.

2. Réponds aux questions en utilisant les noms de la liste.

le père • le garçon • le dauphin

• Qui respire profondément et plonge vers le fond ? ____________________

• Qui prend délicatement l'étoile de mer ? ____________________

• Qui pousse des petits cris stridents ? ____________________

3. Numérote les actions des deux personnages dans l'ordre qui convient.

n° ____ Ils piquent la tête vers le fond. n° ____ Ils décident de rejoindre la plage.

n° ____ Ils nagent côte à côte. n° ____ Ils remontent à la surface.

4. Entoure les noms que tu as lus dans le texte. Puis illustre-les.

un tuba • un requin • des poissons • une étoile de mer • un dauphin • une algue

Écriture

Faut-il inviter Freya et Fredegar de Finlande ?

Orthographe • Le son [g] et le son [k]

page 58

1. Complète les cases bleues du tableau.

son [g]		son [k]	
lettre ___ une ___outte	**lettres** ___ ___ une ______épe	**lettre** ___ ça ___oûte cher	**lettres** ___ ___ ______i
______________ ______________	______________ ______________	______________ ______________	______________ ______________

→ Mémo, p. 8

2. Classe les mots suivants dans le tableau ci-dessus.
Attention, ils ne contiennent pas tous le son [g] ou le son [k] !

il cogne • à gauche • magique • long • la langue
blanc • ça gicle • jusqu'ici • le chagrin • une guitare

3. Complète les mots avec les lettres c ou g.

son ______ou

un ______ant

du ______afé

il se ______are

une ______rue

un ______land

un ______adeau

il est ______aché

4. Entoure le mot entre parenthèses qui convient.

- Je dois prendre le TGV à la (car / gare).
- J'ai (carré / garé) ma voiture au parking.
- Je ne sais pas combien (coûte / goutte) un billet.
- Le train s'arrête au bord du (gai / quai).
- Je te téléphonerai (quand / gant) je serai arrivé.

Écriture

Il y a un requin gris qui guette sa proie.

Grammaire • Le singulier et le pluriel des noms

page 58

1. Complète les phrases du mémo avec les mots suivants.

lettre x • pluriel • singulier • lettre s

Quand un nom désigne une seule chose, il est au ____________ .
Quand un nom désigne plusieurs choses, il est au ____________ .
Quand on met un nom au pluriel, on ajoute la ____________ .
Parfois, on ajoute la ____________ au pluriel.

→ Mémo, p. 18

2. Reconstitue la phrase. Attention au singulier et au pluriel !

son | des | dessine | bateau | tableaux. | sur | Il

____

3. Entoure les noms au pluriel.

la mer	des vagues	cette plage	mes habits
mon seau	leurs amis	notre repas	du bois

4. Écris les noms au singulier ou au pluriel.

- les crabes → ____________
- des masques → ____________
- mes gâteaux → ____________
- le poisson → ____________
- sa main → ____________
- un cadeau → ____________

5. Barre les mots en bleu qui ne conviennent pas.

Sophie sort sa trousse / trousses et ses cahier / cahiers. Elle compte ses stylo / stylos et taille ses crayon / crayons. Le maître annonce : « C'est l'heure / heures. Rangez vos affaire / affaires et sortez sans oublier vos manteau / manteaux. »

6. Dans chaque phrase, il y a des noms au singulier et au pluriel. Recopie-les dans le tableau.

Le dauphin pousse des cris. • Nos têtes sortent de l'eau.

Singulier	Pluriel

Conjugaison • Passé, présent, futur (1)

1. Complète les phrases du mémo avec les mots suivants.

présent • passé • futur • temps

Une phrase peut être écrite à trois ________________ différents.

Au ________________, l'action est finie. Au ________________, l'action se passe au moment où l'on parle. Au ________________, l'action se passera dans l'avenir.

→ Mémo, p. 26

2. Relie comme il convient.

Aujourd'hui, il pleut. •
Hier, il faisait beau. •
La nuit prochaine, il gèlera. •
Cet après-midi, il neigera. •

• passé
• présent
• futur

3. Complète les phrases avec les mots suivants.

L'année dernière • L'an prochain • Cette année

- ______________________________, elle sera au CE2.
- ______________________________, elle est au CE1.
- ______________________________, elle était au CP.

4. Entoure le verbe entre parenthèses qui convient.

- Hier, (on mangeait / on mange / on mangera) des petits pois.
- Demain, (on mangeait / on mange / on mangera) des haricots.
- Mais, aujourd'hui, (on mangeait / on mange / on mangera) des pâtes !

5. Souligne : – les phrases au passé en bleu,
– les phrases au présent en noir,
– les phrases au futur en vert.

En ce moment, nous sommes en classe. Pendant la récréation, Théo était avec nous. Mais il était malade. Maintenant, il n'est plus là. Il se repose chez lui. Il reviendra peut-être demain.

Vocabulaire • Les synonymes

page 59

1. Complète les phrases du mémo avec les mots suivants.

noms • mot • synonyme • verbes

Un ______________ est un ______________ qui veut dire à peu près la même chose qu'un autre mot.

Les synonymes peuvent être des ______________, des ______________ ou bien d'autres sortes de mots.

→ Mémo, p. 36

2. Recopie les synonymes des mots à l'endroit qui convient.

défendu • bavarder • triste • un ami • rapidement • beau

- joli : ______________
- discuter : ______________
- interdit : ______________
- malheureux : ______________
- un copain : ______________
- vite : ______________

3. Entoure le synonyme entre parenthèses qui convient.

- Tom se promène dans la forêt. (se balade / propose)
- Il marche sur un sentier. (un chantier / un chemin)
- Il entend soudain un bruit effrayant. (terrifiant / efficace)
- Des bêtes passent devant lui : des sangliers. (Stupides / Des animaux)

4. Relie les synonymes comme il convient.

Il pointe du doigt. •	• Il protège.
Il donne à manger. •	• Il capture.
Il met à l'abri. •	• Il montre.
Il fait prisonnier. •	• Il nourrit.

5. Recopie les phrases en changeant chaque mot souligné par un synonyme de ton choix.

- La gamine a découvert une minuscule tortue dans le parc.

____

- Devant la villa, elle vit un énorme chien qui jappait.

____

Compréhension • Épisode 2

pages 48-49

1. Complète le texte avec les mots de la liste.

côte • rochers • nageoire • crique

Pablo s'accroche à la ____________ du dauphin. L'animal file et longe la ____________, puis il conduit le jeune garçon jusqu'à une ____________ déserte. Pablo découvre un petit dauphin échoué entre deux ____________ !

2. Recopie le numéro de chaque phrase dans la colonne qui convient.

Au début de l'épisode	Au milieu de l'épisode	À la fin de l'épisode

1. Pablo et son père sont séparés.
2. Le dauphin et son bébé sont ensemble.
3. Tout le monde est dans la crique.
4. Le dauphin et son bébé sont séparés.

3. De qui parle-t-on ? Précise s'il s'agit de *Pablo*, du *dauphin* ou du *bébé dauphin*.

- Il panique et fait n'importe quoi avec ses palmes. ____________
- Il se dresse hors de l'eau et se remet à crier. ____________
- Ils fendent les vagues à toute allure. ____________
- Il s'immobilise devant un bébé dauphin. ____________
- Il ne peut plus s'alimenter. ____________

4. Mets les lettres dans l'ordre pour écrire le mot qui correspond au dessin.

IOSNUR

un ____________

GEALU

une ____________

EDUSÉM

une ____________

POIPHCPEMA

un ____________

Écriture

Les enfants du monde

Gala et Georgios viennent de Grèce, pas de Géorgie.

Orthographe • Le son [ʃ] et le son [ʒ]

page 60

1. Complète les cases bleues du tableau.

son [ʃ]	son [ʒ]		
lettres ___	lettres ___	lettre ___	lettre ___
la bou___e	une na___oire	il bou___e	il ___oue
___	___	___	___
___	___	___	___

→ Mémo, p. 8

2. Classe les mots suivants dans le tableau ci-dessus.
Attention, ils ne contiennent pas tous le son [ʃ] ou le son [ʒ] !

un bouchon • un plongeon • la marge • un photographe • sage
il déjeune • elle ajoute • il mangeait • une marche • un hareng

3. Complète les mots avec le groupe de lettres ch ou la lettre g.

une ca___e

une ___aîne

une ha___e

c'est bei___e

une ___atte

un dan___er

une man___e

il mar___e

4. Barre l'intrus dans chaque série.

- il jette • c'est fragile • un coquillage • les champs • la boulangerie
- une chouette • une cagette • une marchandise • à gauche • il réfléchit
- il s'agite • une horloge • un bourgeon • une cachette • un passage
- une châtaigne • aujourd'hui • une chenille • une machine • il débouche

Écriture

Rejoins la plage en suivant le chemin du rivage.

Grammaire • Noms masculins / Noms féminins

page 60

1. Complète les phrases du mémo avec les mots suivants.

groupe • masculin • féminin • nominal

Les noms féminins sont accompagnés de déterminants au ______________ .

Les noms masculins sont accompagnés de déterminants au ______________ .

Le nom et le déterminant qui l'accompagne forment le __________ __________ .

→ Mémo, p. 18

2. Reconstitue la phrase.

| son | sa | joue | seau | pelle. | Il | avec | et |

____

3. Entoure les noms au féminin en bleu et les noms au masculin en vert.

un plongeur — la plongée — mon tuba — sa combinaison

ma ceinture — ta montre — son masque — une palme

4. Relie chaque dessin au déterminant qui convient.

 • — • un • — • 

 • — • une • — • 

5. Transforme le nom en gras au féminin ou au masculin.

- **Mon lapin** court dans le jardin. → ______________ court dans le jardin.
- **Son copain** joue au foot. → ______________ joue au foot.
- **Ta sœur** aime le chocolat. → ______________ aime le chocolat.
- **Ma voisine** travaille tard. → ______________ travaille tard.

6. Dans chaque phrase, il y a des noms au masculin et au féminin. Recopie-les dans le tableau.

La coccinelle se pose sur un bâton. • Les bourdons tournent autour des fleurs.

Masculin	Féminin

Conjugaison • Passé, présent, futur (2)

page 61

1. Complète les phrases du mémo avec les mots suivants.

passé • présent • futur • verbe

Le __________ indique à quel temps est la phrase.
La phrase « Bébé dauphin nage. » est au __________ .
La phrase « Bébé dauphin nageait. » est au __________ .
La phrase « Bébé dauphin nagera. » est au __________ .

→ Mémo, p. 26

2. Complète les phrases avec les mots de la liste puis relie-les comme il convient.

Hier • Maintenant • Demain

__________, il achetait des graines. •
__________, elle plantera des fleurs. •
__________, ils ramassent leurs légumes. •
__________, elles soignaient ses plantes. •

• passé
• présent
• futur

3. Indique le temps de ces phrases : *passé, présent* ou *futur*.

- Il vendait des graines. (__________)
- Elles ramassaient les feuilles. (__________)
- Elle arrosera le jardin. (__________)
- Ils mûrissent au soleil. (__________)

4. Complète le second verbe puis entoure le temps de la phrase.

- Tu marches et tu danse______. (passé – présent – futur)
- Elle coupait et elle dessin______. (passé – présent – futur)
- Il se lavera et il se peigne______. (passé – présent – futur)
- Ils lisent et ils s'endorme______. (passé – présent – futur)

5. Classe les verbes soulignés dans le tableau.

Maria possède un bracelet en or. Il brille comme le soleil. Autrefois, il appartenait à sa mère. Un jour, Maria donnera ce bracelet à sa fille. Elle le portera certainement avec joie.

Passé	Présent	Futur
__________	__________	__________
__________	__________	__________

L'ATELIER des mots • Les mots en *-ment* (1)

1. Complète les phrases du mémo avec les mots et le groupe de lettres suivants.

suffixe • -ment • manière

Les mots qui veulent dire « d'une certaine ______ » sont fabriqués avec ______ .

Le groupe de lettres -ment s'appelle un ______ .

→ Mémo, p. 36

2. Relie les mots de la même famille.

simple •	• méchamment
profond •	• simplement
méchant •	• fermement
ferme •	• profondément

3. Entoure le mot qui veut dire « d'une certaine manière » dans chaque série.

- comment • timidement • aliment • élément
- tristement • document • instrument • hurlement
- pansement • jument • rarement • monument

4. Écris le mot de base, comme dans l'exemple.

Mots de base	Mots en *-ment*
brusque	brusquement
______	sagement
______	facilement
______	largement
______	bêtement

5. Transforme les mots de la liste pour dire « d'une certaine manière » et complète les phrases.

propre • calme • direct • rapide

- Il mange ______ .
- Elle a joué ______ avec sa copine.
- Il est allé ______ à l'école.
- Il a fini son travail ______ .

Compréhension • Épisode 3

pages 50-51

1. Relie chaque début de phrase à la fin qui convient.

Le petit dauphin est lourd, •	• et, enfin, il se remet à bouger.
Les deux dauphins font un bond prodigieux, •	• mais Pablo et son père réussissent à le pousser dans l'eau.
La maman caresse son petit •	• puis ils filent vers le large.

2. Complète les noms issus de l'histoire avec les mots de la liste.

déserte • prodigieux • stridents • multicolores
pointues • gigantesque • rouillé • éclaboussé

- des poissons ……………………
- un animal ……………………
- des cris ……………………
- des dents ……………………
- une crique ……………………
- du métal ……………………
- un bond ……………………
- le visage ……………………

3. Barre les phrases qui ne correspondent pas à l'histoire.

- Pablo fait de la plongée avec son père.
- Un dauphin vient à leur rencontre.
- L'enfant s'assoit sur son dos.
- Pablo et le dauphin filent vers le large.
- Pablo et le dauphin arrivent dans une crique.
- Pablo découvre un bébé dauphin blessé.
- Le papa de Pablo aide le bébé.
- Pablo porte le bébé tout seul dans l'eau.
- Le bébé rejoint très vite sa maman.
- Les dauphins s'en vont sans se retourner.

4. Imagine ce que la maman dauphin dirait, si elle pouvait parler, à la fin de l'histoire.

……………………

Écriture

Les enfants du monde

Hier, Hendvig et Hermina m'ont téléphoné de Hongrie.

Orthographe • Le son [v] et le son [f]

1. Complète les cases bleues du tableau.

son [v]	son [f]		les mots avec le son [v] et le son [f]
lettre ___	lettre ___	lettres ___ ___	
il ___oit	une ___ois	un dau______in	

→ Mémo, p. 8

2. Classe les mots suivants dans le tableau ci-dessus.
Attention, ils ne contiennent pas tous le son [v] ou le son [f] !

des œufs • frais • un phare • un tournevis • vif
vrai • des bœufs • février • une catastrophe • il réfléchit

3. Complète les mots avec les lettres v ou f.

elle ___ole • une ___ache • du ___eu • une ___aute • un ___eau • il se ___âche

4. Écris un nouveau mot en changeant une lettre par v ou par f.

- c'est vendu → c'est ______________
- le fer → le ______________
- ils font → ils ______________
- des vins → des ______________

5. Entoure le mot entre parenthèses qui convient.

- Dis-moi si c'est faux ou si c'est (frais / vrai).
- Dans la classe, on a (fauté / voté) pour élire les responsables.
- Cette mouche est complètement (folle / vole).
- Avec mes parents, nous sommes allés à la (voir / foire).

Écriture

Il file en ville pour voir la foire.

Grammaire • Les accords du nom

page 62

1. Complète les phrases du mémo avec les mots suivants.

singulier • masculin • féminin • pluriel

Un nom est féminin ou ________, ________ ou pluriel.
Pour savoir si un nom au pluriel est ________ ou masculin, remplace le déterminant au ________ par le déterminant un ou une.

→ Mémo, p. 18

2. Classe les noms dans le tableau.

mes histoires • ses livres • l'aventure • un roman

	Masculin	Féminin
Singulier	________	________
Pluriel	________	________

3. Barre l'intrus dans chaque série, comme dans l'exemple.

Exemple : la bibliothèque • une table • cette classe • ~~des histoires~~ • une armoire

- des bus • des tramways • des autocars • des trains • un camion
- un policier • le gendarme • une concierge • notre gardien • ce surveillant
- ma chemise • son pantalon • ta veste • sa robe • une écharpe
- les boutiques • des boulangeries • ces pâtisseries • leurs magasins

4. Souligne les noms au masculin en bleu, les noms au féminin en orange.
Colorie les noms au singulier en jaune, les noms au pluriel en vert.

- Le garçon tourne les pages.
- Dans ce livre, on voit des textes et des images.
- Une photo montre une famille de dauphins.
- Plusieurs adultes s'occupent des bébés.

5. Transforme les noms comme indiqué.

- un poisson → **pluriel :** ________
- un nageur → **féminin :** ________
- les filets → **singulier :** ________
- une rêveuse → **masculin :** ________

Conjugaison • L'infinitif du verbe

1. Complète les phrases du mémo avec les mots et le groupe de lettres suivants.

-er • infinitif • verbe • différents

Quand il n'est pas conjugué, un ____________ est à l'infinitif.
Beaucoup de verbes ont un ____________ terminé par ____________.
D'autres verbes ont des infinitifs ____________.

→ Mémo, p. 26

2. Complète avec l'infinitif du verbe conjugué.

- il passe : il peut ____________
- on arrête : on peut ____________
- je mange : je peux ____________
- elle écoute : elle peut ____________

3. Complète avec l'infinitif du verbe conjugué.

- ils disent : ils peuvent ____________
- elles bondissent : elles peuvent ____________
- elle court : elle peut ____________
- on perd : on peut ____________

4. Entoure les deux verbes à l'infinitif dans chaque liste.

- janvier • attraper • métier • allumer
- miroir • soir • pleuvoir • recevoir
- perdre • ordre • foudre • vendre
- navire • conduire • tirelire • redire

5. Entoure le verbe à l'infinitif dans chaque phrase.

Papi veut partir à la plage. Il me dit de mettre mon maillot de bain.
Je vais m'habiller en vitesse. Je ne dois pas oublier la crème solaire.

6. Écris l'infinitif du verbe de chaque phrase.

- Lucie sort en récréation. → ____________
- Elle joue avec ses copines. → ____________
- Le maître siffle. → ____________
- Les enfants rentrent en classe. → ____________

L'ATELIER des mots • Les mots en *-ment* (2)

page 63

1. Complète la phrase du mémo avec un des mots suivants.

féminin • masculin

Pour construire des mots qui veulent dire « d'une certaine manière », on ajoute très souvent -ment à la fin du mot de base mis au ________________ .

→ Mémo, p. 36

2. Écris chaque mot au féminin.

- affreux → ________________
- lent → ________________
- doux → ________________
- actif → ________________

3. Transforme les mots de l'exercice 2 pour compléter les phrases.

- La tortue se déplace ________________ .
- Il a caressé ________________ la tête du dauphin.
- La classe participe ________________ au tournoi.
- Cette dent me fait ________________ mal.

4. Écris le mot de base, comme dans l'exemple.

Mots de base	Mots en *-ment*
curieux	curieusement
________________	courageusement
________________	fortement
________________	collectivement

5. Complète les phrases avec les mots de la liste.

attentivement • amicalement • immédiatement • joyeusement

- Léa doit rentrer ________________ à la maison.
- Noé écoute ________________ la maîtresse.
- Les enfants ont dansé ________________ à la fête de l'école.
- Il lui a serré la main ________________ .

Récréation

1. Colorie la carte intruse dans chaque jeu de cartes.

il marmonne	la famine	tu acclames
on s'affronte	un goupil	ma chaumière
l'assaillant	une crique	je me faufile
elle bredouille	il bondit	nous errons

2. Écris une phrase en utilisant les trois cartes de l'exercice 1 que tu as coloriées.

____

3. Colorie les étiquettes des noms en bleu et celles des verbes en vert.

il se faufile	un dauphin	le banquet	le nigaud
il surgit	un goupil	il disparaît	la crique

4. Colorie les étiquettes de deux couleurs différentes pour reconstituer les phrases.

Des	paysan	poursuivent	le	soldat	blessé.
Un	chevaliers	chasse	des	sanglier	ennemis.

5. Mets les lettres dans l'ordre pour écrire le mot qui correspond au dessin.

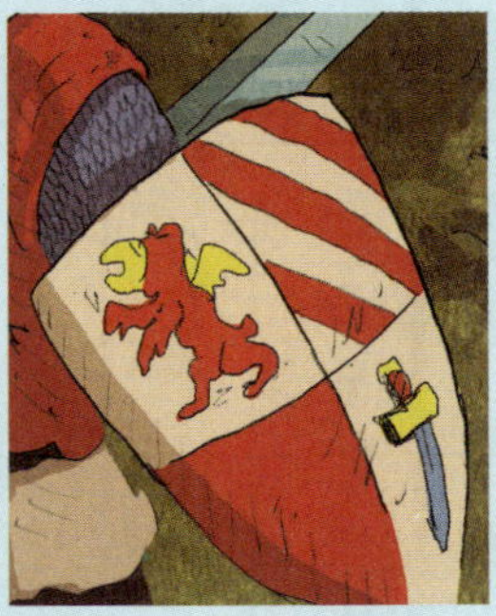

SANLOB

un ______________

TENIFS

un ______________

HEMUCA

la ______________

TENBAUQ

un ______________

Récréation

6. Réponds aux devinettes. Les mots à trouver sont dans les *Petits dictionnaires*, pages 17, 37 et 57 du manuel.

Je suis un nom féminin.
Je suis en bois et je soutiens le toit d'une maison.
Je suis ______________ .

Je suis un nom masculin.
Je suis un peu bête.
Je suis ______________ .

Je suis un verbe.
Je signifie « marcher au hasard ».
Je suis ______________ .

Je suis un adjectif.
Je suis un synonyme de « aigu ».
Je suis ______________ .

7. Cherche dans les *Petits dictionnaires* (pages 17, 37 et 57 du manuel) un mot de la même famille que le mot souligné.

- Les soldats pillent le château. ➜ ______________
- Je me promène le long de la mer. ➜ ______________
- Il change le fer en or. C'est un prodige. ➜ ______________
- Ce dîner entre amis est convivial. ➜ ______________

8. Colorie les mots selon la couleur indiquée.

- passé
- futur
- présent
- verbes à l'infinitif

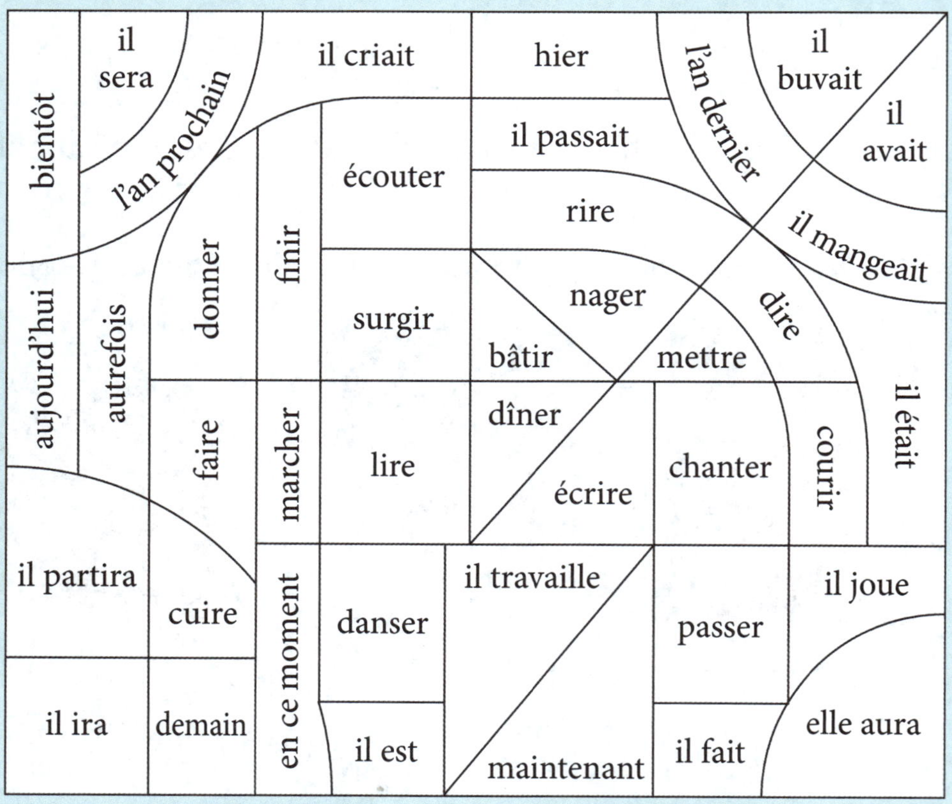

Compréhension • Partie 1

pages 66-67

1. Recopie les parties du corps du dauphin au bon endroit.

l'œil • l'aileron • la nageoire caudale • les nageoires pectorales • l'évent

2. Complète le texte avec les mots de la liste.

oxygène • tête • surface • respirer • cétacés • évent

Les ______________ sont des mammifères marins. Ils remontent régulièrement à la ______________ pour faire le plein d'______________ . Ils ont un ______________ sur le dessus de la ______________ qui leur permet de ______________ .

3. Entoure le nom entre parenthèses qui convient.

- Pour respirer, (les boissons / les poissons) n'ont pas besoin de remonter à la surface.
- L'eau qui entre par leur bouche passe par (les branchies / les bronchites).
- Elle ressort ensuite par (des tentes / des fentes) situées en arrière de la tête.
- Le petit poisson, qu'on appelle (un aviron / un alevin), sort d'un œuf.

4. Poissons ou cétacés ? Classe les noms dans la colonne qui convient.

les branchies • l'évent • du lait • un œuf • un alevin
le bélouga • un mammifère • les ouïes

Les poissons	Les cétacés

Écriture

Les enfants du monde

Les jumeaux Iona et Iugalach vivent en Irlande.

Orthographe • Les groupes de lettres *pl, cl, gl…*

page 78

1. Complète les cases bleues du tableau. Attention à la place de la lettre l !

son [l] après une consonne  une ___ que	son [l] après une voyelle  une ___ aise
______ ______	______ ______
______ ______	______ ______

➜ Mémo, p. 9

2. Classe les mots suivants dans le tableau ci-dessus.

la classe • un calendrier • le balai • une blague • une glace • au galop

3. Recopie le groupe de lettres qui convient pour compléter le mot.

- cal-cla-gal-gla ➜ Il ___ que la porte.
- bli-bil-pli-pil ➜ Un ___ age en papier.
- pul-plu-bul-blu ➜ Il é___ che les légumes.

4. Forme des mots en associant les groupes de lettres de chaque colonne.

gal	sse	______	bal	gue	______
gla	eçon	______	bla	mier	______
cal	çon	______	pal	ance	______
cla	ette	______	pla	ge	______

5. Entoure le mot entre parenthèses qui convient.

- Dans la lampe, je dois mettre des (plis / piles).
- Pour dessiner, on a parfois besoin de (calque / claque).
- La récréation est finie ; il faut se (clamer / calmer).
- Si tu as soif, (rempile / remplis) la bouteille.

Écriture

À la plage, il plonge avec ses palmes en plastique.

page 78

1. Complète les phrases du mémo avec les mots suivants.

masculin • féminin • singulier • pluriel • petit mot • nom

Un pronom est un ____________ qui remplace un ____________ .

Parmi les pronoms, il y a :

- un pronom ____________ singulier : elle
- un pronom féminin ____________ : elles
- un pronom masculin ____________ : il
- un pronom ____________ pluriel : ils

→ Mémo, p. 19

2. Écris les pronoms qui peuvent remplacer les noms : il, ils, elle ou elles.

- les équipes → ____________
- des joueuses → ____________
- un terrain → ____________
- une balle → ____________

3. Relie les phrases aux noms qui correspondent.

Il saute à la corde. •	• les filles
Elle frappe dans le ballon. •	• les garçons
Elles restent tranquilles. •	• le garçon
Ils jouent aux billes. •	• la fille

4. Relie les dessins des noms aux pronoms qui correspondent.

 •

 •

• il •

• ils •

• elle •

• elles •

• 

• 

5. Complète le texte avec les pronoms qui conviennent : il, elle, ils ou elles.
N'oublie pas les majuscules quand elles sont nécessaires !

Adrien court dans l'herbe. ________ tient un grand filet dans sa main gauche.
________ s'approche doucement mais les papillons s'envolent.
« On dirait qu'________ se méfient de moi », pense Adrien.
Les papillons se posent sur des fleurs. ________ sentent bon et sont très colorées.
Alors, Adrien se baisse pour ne pas être vu mais, soudain, sa mère l'appelle.
________ veut qu'________ rentre à la maison.

Conjugaison • Le verbe change (1)

page 79

1. Complète les phrases du mémo avec les mots suivants.

manière • conjugue • change • fin

Un verbe se ______________. Il ne s'écrit pas toujours de la même ______________.
C'est la ______________ du verbe qui ______________.

→ Mémo, p. 27

2. Entoure la partie du verbe qui change dans chaque couple de phrases.

- Les ogresses <u>adorent</u> les enfants. / Cet enfant <u>adore</u> les histoires.
- La sorcière <u>adorait</u> la soupe aux limaces. / Autrefois, nous <u>adorions</u> visiter le zoo.

3. Souligne le verbe puis entoure la partie du verbe qui change dans chaque couple de phrases.

- Je déteste les araignées. / Tu détestes les araignées.
- Nous détestions les punitions. / Tu détestais les punitions.
- Jules et Hugo détestaient la soupe. / Nous détestions la soupe.
- Elle détestera toujours l'injustice. / Elles détesteront toujours l'injustice.

4. Relie comme il convient.

Hier, vous •	• marchons.
Demain, tu •	• marcheras.
Maintenant, nous •	• marchiez.

5. Écris le verbe de chaque phrase à l'infinitif, comme dans l'exemple.

Exemple : Autrefois, il jouait au rugby, maintenant il joue au tennis. → verbe jouer

- On mange d'abord l'entrée, on mangera la viande ensuite. → verbe ______________
- Elles préfèrent la salade, mais nous préférons les pâtes. → verbe ______________
- Tu n'achètes pas de pain, c'est papa qui l'achètera. → verbe ______________

6. Conjugue le second verbe. Pour t'aider, observe la terminaison du premier verbe.

- Les enfants <u>paient</u> 5 euros et ils monte__________ dans le manège.
- Tu <u>lances</u> ta flèche dans le mille et tu gagne__________ un lot.
- La fête <u>commencera</u> demain et elle se termine__________ dimanche.

Vocabulaire • Les contraires

1. Complète les phrases du mémo avec les mots suivants.

noms • synonymes • verbes • contraires

Deux mots peuvent avoir des sens opposés. On les appelle des ______________.
Les mots de sens contraire peuvent être des ______________,
des ______________ ou bien d'autres sortes de mots.
Il ne faut pas confondre les contraires et les ______________.

→ Mémo, p. 37

2. Recopie les contraires des mots à l'endroit qui convient.

se taire • heureux • un ennemi • laid

- joli : ______________
- malheureux : ______________
- parler : ______________
- un ami : ______________

3. Entoure le contraire du mot souligné.

- Il ne marche pas <u>vite</u>. Il marche (rapidement / lentement).
- Son nez n'est pas <u>pointu</u>. Il est (long / arrondi).
- Il ne <u>se couche</u> pas. Il (s'endort / se lève).
- Ce n'est pas <u>l'entrée</u>. C'est (la sortie / l'arrivée).

4. Relie les noms de sens contraire.

le silence •	• le bruit
l'ordre •	• la guerre
la paix •	• le désordre

5. Relie les verbes de sens contraire.

s'endormir •	• revenir
terminer •	• se réveiller
s'en aller •	• commencer

6. Classe les mots par couple de contraires, comme le modèle.

pauvre • courir • riche • marcher

gauche • droite • tôt • la fin • tard • le début

froid et chaud ______________ et ______________

______________ et ______________ ______________ et ______________

______________ et ______________ ______________ et ______________

Compréhension • Partie 2

pages 68-69

1. Coche la ou les bonnes réponses.

• Que risque le jeune dauphin ?

☐ D'être capturé par un filet de pêche.

☐ D'être empoisonné par des déchets.

☐ D'être attaqué par une baleine.

• Comment les cétacés peuvent-ils perdre leurs repères ?

☐ À cause du bruit des bateaux et des travaux sous la mer.

☐ En avalant des sacs plastique qu'ils prennent pour des méduses.

☐ Parce qu'ils sont privés du lait de leur mère.

• Que se passe-t-il à cause du réchauffement de la planète ?

☐ Au pôle Nord, la banquise fond.

☐ Dans les usines, il n'y a plus de chauffage.

☐ Dans les mers du Sud, les coraux disparaissent.

2. Barre tout ce qui met en danger les animaux marins.

Écriture

Les enfants du monde

J'ai invité Junko et Jiro, mes copains du Japon.

Orthographe • Les groupes de lettres *pr, cr, tr...*

1. Complète les cases bleues du tableau. Attention à la place de la lettre r !

son [r] après une consonne un t____ 	son [r] après une voyelle une t____ 
____ ____ ____ ____	____ ____ ____ ____

→ Mémo, p. 9

2. Classe les mots suivants dans le tableau ci-dessus.

un bourdon • une brouette • un gourmand • un groupe • il prouve • il poursuit

3. Recopie le groupe de lettres qui convient pour compléter le mot.

- car-cra-gar-gra → une ____ppe de raisin
- bri-rbi-dri-rdi → Il a____tre un match.
- tra-tar-dra-dar → C'est un vrai ____me.
- vir-vri-fir-fri → le mois d'a____l

4. Écris un nom d'animal en prenant le début ou la fin de chaque mot.

- requin / canard → ____
- zébu / brebis → ____
- crapaud / colombe → ____
- grenouille / wapiti → ____

5. Relie les groupes de lettres pour former des mots puis recopie-les.

une cor •	• de • tte • ne	un par •	• don • ent • tique	il trou •	• ve • ne • ble	la gri •	• mace • afe • ppe
____ ____		____ ____		____ ____		____ ____	

Écriture

Un prédateur carnivore attrape des crabes.

Grammaire • Le verbe dans la phrase

page 80

1. Complète les phrases du mémo avec les mots suivants.

conjugué • verbe • présent • phrase

Dans chaque ______________, il y a le plus souvent un ______________.
Ce verbe est ______________. Il peut être au ______________, au passé ou au futur.

→ Mémo, p. 19

2. Complète chaque phrase comme dans l'exemple.

Exemple : Les skieurs glissent sur la piste. → On peut glisser.

- Les enfants jouent dans la neige. → On peut ______________.
- Ils fabriquent un bonhomme de neige. → On peut ______________.
- Nina place une carotte pour le nez. → On peut ______________.
- Ilan pose deux cailloux pour les yeux. → On peut ______________.

3. Entoure le verbe dans chaque phrase.

- Noël arrive bientôt.
- Les jeunes enfants écrivent une lettre au père Noël.
- Les autres regardent les vitrines ou les catalogues.
- Tous attendent le grand jour avec impatience.

4. Relie le verbe conjugué à son infinitif.

il écrit •	• décrire
il crie •	• prescrire
il décrit •	• écrire
il prescrit •	• proscrire
il proscrit •	• crier
il inscrit •	• inscrire

5. Entoure les deux verbes présents dans chaque phrase.

- Ils arrivent à la fête et ils montent dans un manège.
- Sophie entre dans le château hanté et elle pousse des cris de joie.
- Les enfants jouent et rient toute la journée.
- Alan grimpe dans un avion et décolle.

Conjugaison • Les pronoms

1. Complète les phrases du mémo avec les mots suivants.

verbes • pronoms

Les ________ remplacent des noms. Ils font changer la fin des ________ .

→ Mémo, p. 27

2. Recopie uniquement les pronoms de conjugaison.

elle • la • des • vous • ils • nous • une • je
les • tu • on • le • il • un • elles

____

____

3. Souligne le verbe conjugué dans chaque phrase et entoure le pronom de conjugaison.

Avec la maîtresse, nous préparons des décorations de Noël. Elle donne les consignes à tous les élèves. Ensemble, ils réalisent des étoiles en papier doré. Elles brillent à la lumière. Moi, je colle du coton sur le sapin. Il ressemble à de la neige. Et toi, dans ton école, vous décorez aussi votre classe ?

4. Relie les noms aux pronoms de conjugaison qui correspondent.

la maîtresse •	• nous
les professeurs •	• vous
le maître, Tim et moi •	• elle
toi et les copains •	• ils
des écolières •	• il
notre directeur •	• elles

5. Complète chaque phrase avec un pronom de conjugaison qui convient.

- Avec mes voisins, ________ joue dehors.
- Eux, ________ adorent faire du vélo.
- Moi, ________ fais du roller.
- Mon petit frère, lui, ________ préfère rester à la maison.
- Et toi, qu'est-ce que ________ aimes faire ?

L'ATELIER des mots • Les noms des petits des animaux

page 81

1. Complète les phrases du mémo avec les mots et le groupe de lettres suivants.

fin • -on • animal

Pour construire le nom du petit d'un ______________, on ajoute souvent le suffixe -eau ou ______________ à la ______________ du mot de base.

→ Mémo, p. 37

2. Écris le nom des petits des animaux. Ils finissent par -eau.

- un renard → ______________
- une baleine → ______________
- un serpent → ______________
- un merle → ______________

3. Écris le nom des petits des animaux. Ils finissent par -on.

- un âne → ______________
- un rat → ______________
- un aigle → ______________
- un buffle → ______________

4. Entoure uniquement les noms qui désignent des petits d'animaux.

- un oiseau • un souriceau • un lionceau • un taureau • un râteau
- un oison • un canon • une guenon • un bison • un autruchon

5. Complète chaque phrase avec le nom de l'animal adulte.

- Le fauconneau est le petit du ______________.
- Le gorillon est le petit du ______________.
- Le paonneau est le petit du ______________.
- Le bufflon est le petit du ______________.
- Le pigeonneau est le petit du ______________.

6. Relie le nom de chaque animal à son petit.

un oiseau •	• un faisandeau
un lapin •	• un caneton
un faisan •	• un oisillon
un chameau •	• un lapereau
un canard •	• un chamelon

Compréhension • Partie 3

pages 70-71

1. Vrai ou faux ? Coche la bonne réponse.

	Vrai	Faux
Certaines usines déversent leurs déchets dans l'eau.		
Les sacs plastique peuvent tuer de nombreux animaux marins.		
Les filets de pêche géants mesurent quelques mètres.		
Les requins blancs font partie des espèces menacées.		
En France, on pratique la chasse à la baleine.		
En France, il existe des réserves naturelles dans la mer.		

2. Retrouve les mots du documentaire qui correspondent aux définitions.

- Animal qui chasse pour se nourrir : ……………………
- Dangereux pour la santé : ……………………
- Rocher qui dépasse à peine de l'eau : ……………………
- Minuscule animal marin vivant en colonie et constitué de branches colorées :

……………………

3. Écris les étapes de la fabrication d'une guirlande de poissons.
Tu peux t'aider de la liste de mots.

plier • dessiner • découper • colorier • coller

1 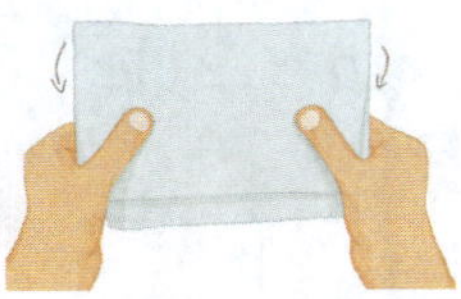

2 

3 

4 

Matériel :
- une feuille blanche cartonnée
- des feutres
- des ciseaux
- de la colle
- de la ficelle

1. ……………………
2. ……………………
3. ……………………
4. ……………………

Écriture

Je suis allé chez Flavia et Ginno. Hélas, ils sont en Italie.

Orthographe • Les groupes de lettres *on* et *om*

page 82

1. Complète les cases bleues du tableau.

lettres on		lettres om	
sons [ɔ] + [n]  un b______	son [ɔ̃]  un p______	sons [ɔ] + [m]  se pr______	son [ɔ̃]  il c______

→ Mémo, p. 9

2. Classe les mots suivants dans le tableau ci-dessus.

la commune • c'est bon • on donne • un nombre
un frisson • il frissonne • une pomme • un nom

3. Barre l'intrus dans chaque série.

- un poumon • contre • un boulon • un inconnu
- il donne • la montre • une anémone • il klaxonne
- elle assomme • il commence • une trompette • un bonhomme
- il tombe • une bombe • un prénom • il se nomme

4. Complète les noms avec les groupes de lettres on ou om.

un n___bre un p___pier le m___de un ___cle
un drag___ une g___mette un c___pagn___ un c___c___bre

5. Transforme les noms, comme dans l'exemple.

Exemple : un lion : une lionne

- un patron : une ______
- du savon : il ______
- un bouton : il ______
- un don : il ______

Écriture

Cet homme nous donne de nombreuses leçons.

1. Complète les phrases du mémo avec les mots suivants.

groupe • nominal • pronom • sujet • verbe

Le ________ commande le ________ .

Le sujet peut être un ________ ________ ou un ________ .

→ Mémo, p. 19

2. Entoure le sujet de chaque verbe souligné.

- Le tigre <u>vit</u> en Asie.
- Des chasseurs <u>tuent</u> cet animal.
- Il <u>commence</u> à disparaître.
- On <u>doit</u> le protéger.

3. Remplace le pronom par un nom sujet de ton choix, comme dans l'exemple.

Exemple : Ils sont menacés. → *Les requins* sont menacés.

- Elles volent la nuit. → ________ volent la nuit.
- Il vit en Chine. → ________ vit en Chine.
- Ils adorent les fruits. → ________ adorent les fruits.

4. Complète chaque phrase avec le sujet de ton choix.

- ________ mangent des noisettes.
- Dans le désert, ________ peut marcher très longtemps sans boire.
- ________ creusent des galeries dans les prés.
- ________ mange de l'herbe et boit beaucoup d'eau pour produire du lait.

5. Complète le texte avec les sujets qui conviennent.
N'oublie pas les majuscules quand elles sont nécessaires !

il • un tamanoir • elles • des fourmis

________ aperçoit son futur repas sur un arbre. ________ transportent des morceaux de feuilles. ________ suit les fourmis jusqu'à leur fourmilière. Affolées, ________ partent dans tous les sens.

Conjugaison • Le présent des verbes en -er

page 83

1. Complète la conjugaison du verbe chasser au présent.

Singulier	Pluriel
je chasse	nous ______
tu ______	vous ______
il ______	ils ______
elle ______	elles ______
on ______	

➜ Mémo, p. 27

2. Complète le verbe avec un pronom de conjugaison qui convient.

______ poussez • ______ écoutons • ______ cassent

______ donne • ______ travaillent • ______ expliques

3. Relie les pronoms de conjugaison avec les verbes qui conviennent.

tu •	• hésite
il / elle / on •	• téléphones
nous •	• chantons
j' •	• exagérez
ils / elles •	• transpirent
vous •	

4. Transforme les phrases au singulier ou au pluriel.

- Ma copine écoute. ➜ **pluriel :** Mes copines ______
- Ma sœur crie. ➜ **pluriel :** Mes sœurs ______
- Mes amis discutent. ➜ **singulier :** Mon ami ______

5. Écris les verbes au présent pour compléter les phrases.

tomber • arriver • glisser • adorer • espérer

J' ______ les vacances de Noël. La neige ______ .
Mes cousins ______ . Avec eux, on ______ sur des luges.
Et à Noël, nous ______ avoir plein de cadeaux.

1. Complète les phrases du mémo avec les mots et le groupe de lettres suivants.

fin • petit • -ette

Pour construire un mot qui veut dire quelque chose de plus ______________,
on ajoute souvent -et ou ______________ à la ______________ du mot de base.

→ Mémo, p. 37

2. Relie chaque nom au nom qui veut dire « plus petit ».

un coffre •	• une chansonnette
une règle •	• une placette
une chanson •	• un coffret
un jardin •	• une réglette
une place •	• un jardinet

3. Entoure le nom qui veut dire « plus petit » dans chaque série.

- un regret • un gilet • un moulinet • un bouquet
- un perroquet • un mollet • un secret • un bâtonnet
- une vedette • une allumette • une barbichette • une banquette
- une affichette • une chouette • une couette • une étiquette

4. Écris le mot de base qui correspond.

Mots de base	Mots qui veulent dire « plus petit »
______________	un garçonnet
______________	une maisonnette
______________	un muret
______________	une camionnette

5. Transforme les mots de la liste pour désigner quelque chose de « plus petit » et complète les phrases.

coussin • boule • hache

- Mets un ______________ sous tes genoux quand tu travailles par terre.
- Le bûcheron utilise parfois une ______________.
- On peut faire des ______________ avec la mie de pain.

Compréhension • Épisode 1

pages 86-87

1. Coche la bonne réponse.

• Ce texte est :

☐ un documentaire. ☐ une bande dessinée. ☐ un conte.

• Que propose le marchand au rossignol ?

☐ De l'emmener en Chine avec lui. ☐ De lui rapporter un cadeau.

☐ De lui ramener un ami.

• Où le rossignol demande-t-il au marchand d'aller ?

☐ Dans la forêt où on l'a capturé. ☐ Chez un marchand d'oiseaux.

☐ Dans une sublime ville de Chine.

2. Réponds aux questions en utilisant les mots de la liste.

à Fès • en Chine • au Maroc

• Où vit le marchand ? Il vit ______________________ .

• Où part le marchand ? Il part ______________________ .

• Où se trouve le rossignol ? Il se trouve ______________________ .

• Où est né le rossignol ? Il est né ______________________ .

• Où se trouve Fès ? Fès se trouve ______________________ .

3. Écris la phrase en mettant les groupes de mots dans l'ordre.

mais | du marchand | pour ses enfants, | pour son rossignol.

Le dernier sourire | n'était plus

____

____

Écriture

Les enfants du monde

Kadhi du Kenya a épousé Kamélia.

Orthographe • Les groupes de lettres *an* et *am*

page 98

1. Complète les cases bleues du tableau.

lettres an		lettres am	
sons [a] + [n]  un a ______	**son [ã]**  il ch ______	**sons [a] + [m]**  la fl ______	**son [ã]**  une l ______
______ ______	______ ______	______ ______	______ ______

➞ Mémo, p. 10

2. Classe les mots suivants dans le tableau ci-dessus.

un caramel • un an • un camp • l'anniversaire
un médicament • il flâne • du flan • une framboise

3. Barre l'intrus dans chaque série.

- une orange • il plane • méchant • blanche
- fameux • un amoureux • l'amitié • un lampadaire
- la chambre • il se cambre • du shampooing • du caramel
- cinquante • un canon • un platane • un piano

4. Complète les mots avec les groupes de lettres an ou am.

un ch____p il d____se sa j____be un p____plemousse
il gr____dit quar____te c'est ____us____t une ____bul____ce

5. Écris le nom au féminin ou au masculin, comme dans l'exemple.

Exemple : un faisan : une faisane

- un Catalan : une ______
- une paysanne : un ______
- un gitan : une ______
- une partisane : un ______

Écriture

Dans sa chambre, le marchand a un animal amical.

Grammaire • Repérer le sujet

page 98

1. Complète les phrases du mémo avec les mots suivants.

phrase • sujet • qu'est-ce qui • elles • verbe

Pour trouver le sujet de la ______________, commence par chercher le ______________.
Puis pose-toi la question qui ou ______________ fait l'action.
Puis cherche le nom que l'on peut remplacer par un pronom ______________ :
il, ils, elle ou ______________.

→ Mémo, p. 20

2. Colorie l'étiquette du verbe en vert et l'étiquette du sujet en bleu.

- [Les oiseaux] [souffrent] [du froid] [en hiver.]
- [Mamie] [dépose] [pour eux] [des graines] [sur la terrasse.]
- [Dans un arbre,] [mon frère] [construit] [un abri à oiseaux.]

3. Souligne le verbe et entoure le sujet.

- Les oiseaux survolent la place.
- Des moineaux picorent des graines.
- Une pie boit dans une flaque d'eau.

4. Recopie le sujet de chaque phrase.

- Les pigeons se posent près d'un banc. ______________
- Des oies et des canards volent vers le sud. ______________
- De grands oiseaux blancs marchent maladroitement sur le sol. ______________

____

5. Recopie le sujet de chaque phrase.

- Près d'un arbre, les enfants jouent aux billes. ______________
- Dans la cour, ma sœur Anouk saute à l'élastique. ______________
- Le chat de mon voisin grimpe sur un arbre. ______________

Conjugaison • Le présent du verbe *avoir*

1. Complète la conjugaison du verbe avoir au présent.

Singulier	Pluriel
j' ______	nous ______
tu ______	vous ______
il / elle / on ______	ils / elles ______

→ Mémo, p. 28

2. Complète les phrases avec un pronom de conjugaison qui convient.

______ avez peur. • ______ ont soif. • ______ as faim.

______ ai raison. • ______ a tort. • ______ avons tout !

3. Souligne le verbe avoir conjugué au présent.

– Tu as l'air content !
– Oui, j'ai un nouveau petit chien !
– Il a déjà un nom ?
– Pas encore, mais mes parents ont une idée : c'est Youpi !
– Depuis quand l'avez-vous ?
– Nous l'avons depuis hier.

4. Entoure le pronom de conjugaison entre parenthèses qui convient.

(Elle / Tu) as des cadeaux ? (J' / Vous) ai des poupées. (Elle / Elles) ont des robes magnifiques. (Nous / Elle) avons vraiment de beaux jouets.

5. Complète les phrases avec a ou as.

– Soraya ______ un beau cadeau d'anniversaire.
– Je parie qu'elle ______ un nouveau parfum.
– Tu n'______ pas de chance, c'est un bijou qu'elle a reçu.
– Et toi, Lisa, ______-tu le cadeau que tu attendais ?

6. Complète avec le verbe avoir au présent puis transforme au singulier ou au pluriel.

- Ma voisine ______ un bébé. → **pluriel** : Mes voisins ______ .
- Mes frères ______ des amis. → **singulier** : Mon frère ______ .
- Ma copine ______ un chien. → **pluriel** : Mes copines ______ .

Vocabulaire • L'ordre alphabétique (2)

page 99

1. Complète les phrases du mémo avec les mots suivants.

alphabet • mots • lettre • première • alphabétique

Quand on range des ______ dans l'ordre ______,
on les classe à partir de leur ______ ______.
Pour classer des lettres dans l'ordre alphabétique, on récite l'______
dans sa tête.

→ Mémo, p. 38

2. Entoure la lettre qui arrive en premier dans l'ordre alphabétique.

I L G O H	P R L M U	N P T Q S	Z X U R T

3. Entoure la lettre qui n'est pas dans l'ordre alphabétique.

A D B C E	H I G J K	U V Y W X	O P Q R M

4. Écris la lettre qui suit dans l'ordre alphabétique.

b c d e f ___	t u v w x ___	n o p q r ___	h i j k l ___

5. Écris les lettres qui suivent ou qui précèdent.

___ ___ i ___	___ n ___ ___	___ ___ ___ s	___ ___ f ___

6. Classe les suites de lettres dans l'ordre alphabétique.

Z F Y L	K B E R	U N F A Q	O J X V U
______	______	______	______

7. Recopie les mots de chaque série dans l'ordre alphabétique. Observe leur première lettre.

canard	______	saumon	______	lama	______
hérisson	______	zèbre	______	renard	______
autruche	______	méduse	______	dauphin	______
écureuil	______	vipère	______	girafe	______

Compréhension • Épisode 2

pages 88-89

1. Complète le texte avec les mots de la liste.

arbre • oiseau • Chine • marchand • mort • forêt • salon • cage

Le marchand se rend en ______________ et trouve la ______________ de son rossignol. Il aperçoit un ______________ qui ressemble au sien. Il lui apprend que son rossignol vit dans une ______________ en or. Alors l'oiseau vacille et tombe de son ______________ raide ______________.

À son retour, le ______________ n'ose plus entrer dans le ______________ où se trouve la cage.

2. Coche les cinq phrases indispensables pour résumer l'épisode 2.

☐ Le marchand part en Chine.
☐ Le marchand voit un rossignol dans la forêt.
☐ Le rossignol a de jolies plumes.
☐ Le rossignol tombe de l'arbre quand le marchand lui adresse la parole.
☐ L'arbre est très grand.
☐ Le marchand est bouleversé.
☐ De retour chez lui, le marchand n'ose plus aller voir son rossignol.
☐ La cage du rossignol est accrochée dans le salon.

3. Relie le nom de chaque oiseau à son cri.

Le canard •	• glougloute.
Le hibou •	• croasse.
Le rossignol •	• cancane.
Le dindon •	• hulule.
Le corbeau •	• chante.

Te souviens-tu du cri du pigeon ? Il ______________________________ .

Écriture

Là-bas, au Liban, vivent Lamia et Liram.

Orthographe • Les groupes de lettres *in, im* et *ain, ein*

page 100

1. Complète les cases bleues du tableau.

lettres in / im		**lettres ain / ein**	
sons [i] + [n] / [i] + [m]	**son [ɛ̃]**	**sons [ɛ] + [n]**	**son [ɛ̃]**
la Chine 	le matin 	une semaine 	le frein 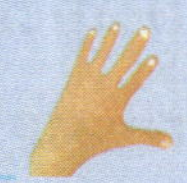
une ______ ge	il gr______	il fr______	la m______
______	______	______	______
______	______	______	______

→ Mémo, p. 10

2. Classe les mots suivants dans le tableau ci-dessus.

du pain • une cime • impair • une veine • une teinte • inutile • la fin • la laine

3. Barre l'intrus dans chaque série.

- un innocent • juin • inoubliable • inutile
- simple • immense • impossible • imbuvable
- une dizaine • soudain • les Romains • un poulain
- une baleine • une madeleine • à peine • il peint

4. Complète les mots avec les groupes de lettres in ou im.

un t____bre qu____ze il est ____poli un magas____

ça gr____ce un ____bécile un ____connu les ____pôts

5. Écris un nom au masculin, comme dans l'exemple.

Exemple : une gamine et un gamin

- une coquine et un ______
- une graine et un ______
- une Africaine et un ______
- une cousine et un ______

Écriture

Le bambin grimpe la côte puis freine des deux mains.

Grammaire • L'accord sujet / verbe

page 100

1. Complète les phrases du mémo avec les mots suivants.

pluriel • singulier • sujet

Le verbe s'accorde avec le ________________ .

Si le sujet est au pluriel, le verbe doit être au ________________ .

Si le sujet est au ________________, le verbe doit être au singulier.

→ Mémo, p. 20

2. Souligne le verbe, entoure le sujet et coche s'ils sont au singulier ou au pluriel.

- Ce vieux monsieur vend des tissus sur le marché. ☐ singulier ☐ pluriel
- Beaucoup de gens font leurs courses sur Internet. ☐ singulier ☐ pluriel
- Chaque dimanche, mes voisins partent en balade. ☐ singulier ☐ pluriel

3. Transforme les phrases au pluriel.

- Mon cousin habite au Maroc. → Mes ________________
- Manon visite la Chine. → Manon et Liam ________________
- Elle retourne en France. → Elles ________________

4. Transforme les phrases au singulier.

- Ces voyageurs aiment aller en Chine. → Ce ________________
- Ils marchent sur la Grande Muraille. → Il ________________
- Annie et Marie habitent en France. → Annie ________________

5. Souligne le verbe entre parenthèses qui convient.

- Le train (passe / passent) sur cette voie.
- Les bateaux (quitte / quittent) le port.
- Ma mère (gare / garent) sa voiture dans la rue.

6. Entoure le verbe entre parenthèses qui convient.

En classe, le maître (donnent / donne) la consigne de l'exercice aux élèves.
Les enfants (écrivent / écrit) sur un cahier vert. Malheureusement, le stylo bleu de Jordan (coulent / coule) et (font / fait) une tache.

Conjugaison • Le présent du verbe être

page 101

1. Complète la conjugaison du verbe être au présent.

Singulier	Pluriel
je ______	nous ______
tu ______	vous ______
il / elle / on ______	ils / elles ______

→ Mémo, p. 28

2. Complète les phrases avec un pronom de conjugaison qui convient.

______ êtes peureux. • ______ suis timide. • ______ es polisson.
______ sommes courageux. • ______ est paresseux. • ______ sont coquines.

3. Souligne le verbe être conjugué au présent.

« Vous êtes les dernières ! dit Félix en accueillant Nina et Julie. Nous sommes déjà tous à table. » En effet, tous les enfants sont prêts à déguster des crêpes. « Alors, tu es content ? demande maman à Félix. » « Oui, je suis ravi. La Chandeleur est ma fête préférée ! »

4. Complète les phrases avec es ou est.

La nuit ______ sombre ! Zak ______ seul dans le vieux château et sa lampe ______ en panne. Tout ______ noir. Soudain, une voix tremblante retentit : « Tu ______ Zak, n'est-ce pas ? Où ______-tu petit coquin ? » Le garçon pousse un cri et la lumière s'allume. « C'______ nous, Papi et Mamie. Pauvre petit ! Tu ______ complètement paniqué ! »

5. Souligne le verbe conjugué et écris son infinitif entre parenthèses : *être* ou *avoir*.

- Les soigneurs du zoo sont devant les cages des lions. (______)
- Les fauves ont l'air agressif. (______)
- Pourquoi sont-ils si agités ? (______)
- Peut-être ont-ils faim ? (______)
- Nous sommes impatients d'assister au repas. (______)

1. Complète les phrases du mémo avec les mots et le groupe de lettres suivants.

début • deuxième • préfixe • re-

Souvent, pour dire que l'on fait l'action une ______________ fois,
on ajoute ______________ au ______________ du mot de base.
re- est un ______________ .

→ Mémo, p. 38

2. Complète les phrases avec le verbe qui veut dire « une deuxième fois ».

- J'aime lire et ______________ les mêmes histoires.
- Hugo plie et ______________ la feuille plusieurs fois.
- À l'entraînement, on fait et on ______________ les mêmes exercices.
- Lily vient en juillet mais elle ______________ aussi en août.

3. Entoure le verbe qui veut dire « une deuxième fois » dans chaque série.
Puis écris le verbe de base qui correspond.

- il découpe • il recoupe • il surcoupe → **mot de base** : il ______________
- il repasse • il surpasse • il dépasse → **mot de base** : il ______________
- il surmonte • il démonte • il remonte → **mot de base** : il ______________

4. Souligne les verbes dans lesquels re- veut dire « une deuxième fois ».

- Il reprend de la purée.
- Il refuse de partir.
- Il remet son bonnet.
- Il relance le ballon.
- Il revoit ce film avec plaisir.
- Il regarde la télévision.

5. Réécris chaque phrase en transformant le verbe pour dire « une deuxième fois ».

- Léa est partie à la mer. → ______________
- Noé vient samedi. → ______________
- Le maître a fermé la classe. → ______________
- Maman peint la cuisine. → ______________

Compréhension • Épisode 3

pages 90-91

1. Vrai ou faux ? Coche la bonne réponse.

	Vrai	Faux
Le rossignol tombe au fond de sa cage.		
Le marchand pense que la phrase maudite a tué son oiseau.		
Après avoir bu un peu d'eau, l'oiseau se réveille.		
L'oiseau s'échappe par la porte entrouverte.		
À la fin de l'histoire, le rossignol décide de retourner en Chine.		

2. Précise qui parle : *le rossignol* ou *le marchand*.

- « Alors, tu es allé en Chine ? » ____________
- « Que cette phrase soit maudite ! » ____________
- « Reviens ici ! » ____________
- « Pas question ! » ____________

3. Coche la ou les réponses qui correspondent le mieux à l'histoire.

- Au début de l'histoire, le rossignol est malheureux parce que le marchand :

☐ ne s'occupe pas de lui. ☐ veut partir en Chine sans lui. ☐ le laisse dans une cage.

- Le marchand est un homme :

☐ riche et gentil. ☐ riche et méchant. ☐ riche et un peu bête.

- Le rossignol de la forêt fait semblant d'être mort :

☐ pour échapper au marchand. ☐ pour faire rire le marchand.
☐ pour aider son ami qui est à Fès.

4. Imagine ce que dit le rossignol à son ami l'oiseau lorsqu'il le retrouve dans la forêt de Chine.

____

____

____

Écriture

Les enfants du monde

Mes amis Malala et Masy sont venus de Madagascar.

 page 102

Orthographe • Les groupes de lettres *en* et *em*

1. Complète les cases bleues du tableau.

lettres en	lettres em	lettres en	lettres em	lettres enn	lettres ent
sons [ə] + [n]  la f______	sons [ə] + [m]  le pr______	son [ɑ̃]  le v______	son [ɑ̃]  un m______	sons [ɛ] + [n]  une an______	lettres muettes  ils p______
______	______	______	______	______	______

➜ Mémo, p. 10

2. Classe les mots suivants dans le tableau ci-dessus.

le tennis • il demande • enfin • un renard • ils sortent • un temple

3. Barre l'intrus dans chaque série.

- une remarque • la tempête • une femelle • une chemise
- il s'enfuit • il comprend • il pense • ils racontent
- demain • un exemple • il semble • il remplit
- il renifle • il renonce • il est revenu • il se rendort

4. Complète les mots avec les groupes de lettres en ou em.

il tr____ble • un vêtem____t • on ____mène • il cont____ple • tous ____s____ble

5. Entoure : – **en bleu les mots où e+nn se lit comme dans « une antenne ».**
– **en vert les mots où e+n se lit comme dans « ils parlent ».**
– **en jaune les mots où e+n se lit comme dans « une fenêtre ».**

En faisant une promenade près du terrain de tennis, Renée et Lucienne ont trouvé une chienne. Elles aimeraient qu'elle vienne avec elles, mais l'animal refuse qu'on la tienne. Elles décident d'appeler les gendarmes.

Écriture

Les femmes parlent souvent ensemble à la fenêtre.

Grammaire • La phrase interrogative

page 102

1. Complète les phrases du mémo avec les mots suivants.

inverse • point • interrogation • interrogative

Pour poser une question, on utilise une phrase ____________________.
On met un ________ d'____________________ à la fin.
Parfois, dans une question, on ____________________ le verbe et le sujet.
Au début des phrases interrogatives, il y a souvent des mots interrogatifs.

→ Mémo, p. 20

2. Transforme les phrases affirmatives en phrases interrogatives.

- Tu es une sorcière. → ____________________
- Tu as des amies. → ____________________
- Elles sont aussi laides que toi. → ____________________
- Vous jetez des sorts. → ____________________

3. Entoure le mot entre parenthèses qui convient. Lis bien la réponse.

- (Qui / Que) dévores-tu ? → Des tartines à la confiture.
- (Où / Quand) es-tu parti ? → Je suis allé voir nos amis.
- (Pourquoi / Comment) es-tu parti ? → Parce que j'avais un rendez-vous.
- (Est-ce que / Qu'est-ce que) vous voulez ? → Nous voulons du cacao.

4. Écris le point qui convient à la fin de chaque phrase : . ou ?.

Une nuit, Julien et moi sommes réveillés par des grognements __
« D'où vient ce bruit __ Qui a fait ça __
– Je ne sais pas __ Je vais voir __ Est-ce que tu viens avec moi __
– Non, je reste couché __ N'as-tu pas peur que ce soit un monstre __ »
Je descends au garage __ Et, que vois-je __ Un chien couché sous la voiture __

5. Écris des questions, comme dans l'exemple.

Exemple : Il est triste ? → Est-il triste ? → Est-ce qu'il est triste ?

- Elle est gaie ? → ____________ → ____________
- Tu as peur ? → ____________ → ____________
- Ils ont faim ? → ____________ → ____________

1. Complète les phrases du mémo avec les mots suivants.

change • sujet • temps

Le verbe ______ pour deux raisons : le ______ et le ______ .

→ Mémo, p. 28

2. Transforme les phrases au présent, comme dans l'exemple.

Exemple : L'hiver arrivait. → L'hiver arrive.

- La neige tombait. → ______
- Les oiseaux avaient froid. → ______
- Le marchand sera triste. → ______
- Les rossignols étaient heureux. → ______

3. Transforme les phrases en changeant le sujet, comme dans l'exemple.

Exemple : Il arrive. (Ils) → Ils arrivent.

- Elle tombe. (Elles) → ______
- Tu pleures. (Elle) → ______
- Elles grelottent. (Il) → ______
- Nous frissonnons. (Je) → ______

4. Lis chaque couple de phrases et coche ce qui change : le sujet, le temps ou les deux.

	Le sujet	Le temps
Elle achète un anorak. → Elles achètent un anorak.		
J'avais un bonnet en fourrure. → J'ai un bonnet en fourrure.		
On glissera sur la neige. → Tu glissais sur la neige.		
Seront-ils champions de ski ? → Sont-ils champions de ski ?		

5. Transforme les phrases en changeant le sujet et le temps du verbe.

- Ils écoutaient la radio. (présent / Il) → ______
- Elles allumeront la télé. (présent / Elle) → ______
- Je surferai sur Internet. (présent / Tu) → ______
- Nous regardions un film. (présent / Vous) → ______

L'ATELIER des mots • Les mots en *in-* ou *im-*

page 103

1. Complète les phrases du mémo avec les mots suivants.

un b • début • contraire • im-

Souvent, pour dire le ______________ d'un mot, on ajoute le préfixe in-
ou ______________ au ______________ du mot de base.
Quand le mot de base commence par un p, un m ou ______________, on ajoute im-.

→ Mémo, p. 38

2. Écris le mot qui veut dire le contraire.

- incorrect → ______________
- imparfait → ______________
- inexact → ______________
- impropre → ______________
- cassable → ______________
- prudent → ______________
- mortel → ______________
- attendu → ______________

3. Entoure le mot qui veut dire « le contraire de » dans chaque série.

indien	interdit	imaginable	intéressant
insulté	inventé	imbécile	incomplet
incendié	inconnu	immense	invité
incorrect	installé	impossible	intérieur

4. Transforme le mot souligné pour dire le contraire en ajoutant in- ou im-.

- Est-il <u>patient</u> ou ______________ ?
- Est-ce <u>buvable</u> ou ______________ ?
- Est-il <u>visible</u> ou ______________ ?
- Est-ce <u>mangeable</u> ou ______________ ?

5. Recopie le texte en écrivant le contraire des mots soulignés.

Amédée était un enfant <u>impoli</u>. Il était <u>capable</u> de dire des gros mots. Avec les autres, il se montrait <u>inamical</u>. Il faisait rarement des choses <u>utiles</u>. Il était toujours <u>injuste</u> envers ses camarades.

____

____

____

____

____

Compréhension • Partie 1

pages 106-107

1. Coche la bonne réponse.

• Qui est Karim ?

☐ Le personnage d'une histoire qui se passe au Maroc.
☐ Un garçon qui vit dans la ville de Fès.
☐ Un jeune comédien qui joue dans un film marocain.

• Où se trouve la ville de Fès ?

☐ Dans le nord de la France. ☐ Dans le sud du Maroc. ☐ Dans le nord du Maroc.

• Où se situe le souk ?

☐ Sous une halle. ☐ Dans un supermarché. ☐ Dans les rues de la ville.

• De quoi la porte Boujeloud est-elle décorée ?

☐ De pierres précieuses. ☐ De céramiques colorées. ☐ D'or et de bronze.

2. Complète le texte avec les noms propres qui conviennent.

Maroc • Fès • Boujeloud • Nejjarine

La porte ______ se situe dans la ville de ______ .
Le musée ______ est un des plus beaux du ______ .

3. Écris les définitions en mettant les mots et les groupes de mots dans l'ordre.

| en terre | Objet | être peint. | pouvant | cuite |

• **la céramique :** ______

| très fine | ou des briques. | pour faire | Terre | de la poterie |

• **l'argile :** ______

Écriture

Les enfants du monde

Niels n'habite pas au Niger, mais en Norvège.

Orthographe • La lettre *r*

page 118

1. Complète les cases bleues du tableau.

son [r]		son [e]
lettre ___ la ___ ue	**lettres** ___ ___ il a ___ ive	**lettres** ___ ___ un ateli ___

→ Mémo, p. 11

2. Classe les mots suivants dans le tableau ci-dessus.

du papier • un rêve • une pierre • le fer • visiter • bizarre

3. Écris le mot qui correspond à chaque dessin au bon endroit dans la grille. Tous les mots contiennent la lettre r.

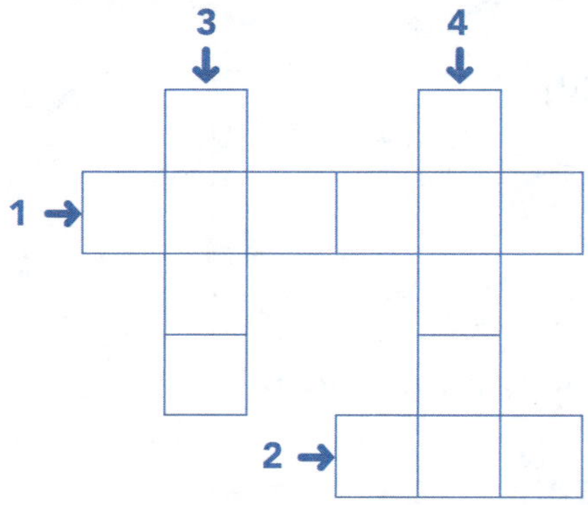

1

2

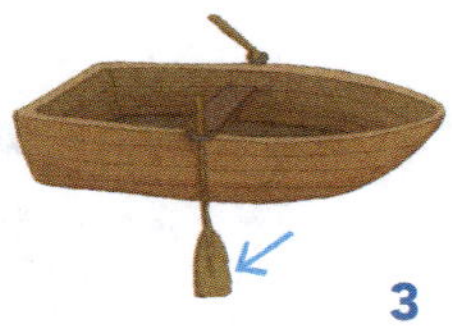

3

4

4. Mets les lettres dans l'ordre pour compléter chaque phrase.

- À neuf heures, l'enfant ______________ (t r o d).
- Le jardinier ______________ (r a s o r e) ses fleurs.
- Le ______________ (o s r e c r i) jette des sorts.
- Le cow-boy tire avec son ______________ (l e r v e v o r).

Écriture

Le garçon va arriver dans la grande rue des potiers.

Grammaire • La phrase négative

page 118

1. Complète les phrases du mémo avec les mots suivants.

affirmative • négative • contraire • négation

Une phrase négative dit le ______________ d'une phrase affirmative.
Pour transformer une phrase ______________ en phrase ______________,
on ajoute les mots de la ______________ : ne … pas, ne … rien, ne … jamais.

→ Mémo, p. 21

2. Souligne les phrases affirmatives en bleu et les phrases négatives en vert.

Comme chaque matin, c'est la panique. Alex et Anatole sont encore en pyjama.
Astrid n'a rien mangé. Arthur s'est enfermé dans la salle de bains.
Aline n'est pas encore coiffée. Arthur refuse de se laver.
Alain a perdu ses chaussettes. Antoine veut rester au lit.
Armelle ne trouve plus son cartable.

3. Barre deux mots pour que chaque phrase négative devienne affirmative.

- Les sorcières ne veulent plus épouser les princes.
- L'ogre ne croque jamais les petits élèves de CE1.
- Les loups-garous ne mangent rien pendant la nuit.
- La princesse n' aime pas les crapauds.

4. Transforme les phrases pour qu'elles disent la vérité.

- Les voitures n'ont pas quatre roues.

→ ______________________________

- Les avions volent sous l'eau.

→ ______________________________

- Les sous-marins ne plongent jamais sous la mer.

→ ______________________________

- Les bateaux ont des jambes.

→ ______________________________

Conjugaison • Le futur des verbes en -er

page 119

1. Complète la conjugaison du verbe passer au futur.

je passe ______	nous ______
tu ______	vous ______
il/elle/on ______	ils/elles ______

→ Mémo, p. 29

2. Relie comme il convient.

1re personne du singulier •	• tu •	• marcherons
2e personne du singulier •	• nous •	• donneras
3e personne du singulier •	• je •	• passeront
1re personne du pluriel •	• il/elle/on •	• déjeunerez
2e personne du pluriel •	• ils/elles •	• détesterai
3e personne du pluriel •	• vous •	• aimera

3. Écris un pronom de conjugaison qui convient.

______ écouteras • ______ mangerons • ______ jouerai

______ écoutera • ______ mangeront • ______ jouerez

4. Complète les verbes avec la terminaison qui convient : -rons ou -ront.

Demain, nous participe______ à une rencontre sportive avec nos correspondants. Ils commence______ l'entraînement à 14 heures. Gagne______-nous le match ? Remporte______-ils la coupe ? Nous nous serre______ la main à la fin de la rencontre.

5. Transforme les phrases en changeant le temps du verbe.

- Elle adore le carnaval. (futur) → ______
- Ils se déguiseront en pirate. (présent) → ______
- Tu enfileras un costume de fée. (présent) → ______
- Vous défilez dans les rues. (futur) → ______
- Je regarderai les danseurs. (présent) → ______

Vocabulaire • Les différents sens d'un mot

page 119

1. Complète les phrases du mémo avec les mots suivants.

verbes • dictionnaires • numéros • sens

Certains mots peuvent avoir plusieurs ______________ . Ces mots peuvent être des noms, des ______________ ou d'autres mots.

Dans les ______________ , les différents sens d'un mot sont indiqués par des ______________ .

→ Mémo, p. 39

**2. À quel sens correspond le mot « place » dans ces phrases ?
Écris le numéro qui convient.**

> **place nom féminin** 1• Endroit qu'une personne ou qu'une chose occupe. *Mes pulls sont toujours rangés à la même place.* 2• Espace entouré de bâtiments. *On ne peut plus se garer sur la place de la mairie.* 3• Espace libre. *Il n'y a pas assez de place dans le coffre.* 4• Siège. *J'ai réservé deux places de train.*

- Dans le car, il y a 64 places assises. sens n° ______
- Il y a encore de la place dans ce tiroir. sens n° ______
- La place du chien est dans sa niche. sens n° ______
- Il habite 5 place Jean Zay. sens n° ______

3. Recopie le nom du personnage qui parle.

le maçon • le magicien • le joueur • le marcheur • le polisson

- « Aujourd'hui, j'ai fait un tour de 3 kilomètres », dit ______________ .
- « Maintenant, je vais faire un tour de cartes », dit ______________ .
- « C'est à mon tour de lancer le dé », dit ______________ .
- « J'ai construit cette tour », dit ______________ .
- « Je t'ai joué un bon tour », dit ______________ .

4. Relie comme il convient pour trouver les différents sens du mot « bouton ».

Pour allumer la télé, appuie sur le bouton •	• de varicelle.
J'ai cueilli un bouton •	• de la télécommande.
Il ne faut pas gratter les boutons •	• de rose.
Je dois recoudre le bouton •	• de mon manteau.

Compréhension • Partie 2

pages 108-109

1. Relie les mots qui vont ensemble.

le léopard •	• de l'Atlas
le lion •	• de Rabat
la ménagerie •	• de Berbérie

2. Complète le texte avec les mots de la liste.

tapis • Haut-Atlas • toits • maïs • coussins

Dans les villages du ________________, les maisons ont des ________________ plats sur lesquels les habitants font sécher du ________________. Les pièces sont décorées de ________________ et de ________________ aux couleurs vives.

3. Vrai ou faux ? Coche la bonne réponse.

	Vrai	Faux
Les montagnes du Haut-Atlas sont dans le sud du Maroc.		
Il y a des villages du Haut-Atlas où il n'y a pas d'école.		
Beaucoup de Berbères élèvent des moutons.		
En hiver, les bergers se rendent à Imilchil pour vendre leurs moutons.		
Il y a encore des lions de l'Atlas en liberté.		

4. Complète les phrases avec les mots de la liste.

Le peuple berbère • Le lion de l'Atlas • La foire aux moutons • Le Haut-Atlas

- ________________________________ vit en captivité dans un zoo.
- ________________________________ habite le Haut-Atlas.
- ________________________________ est une région de montagnes.
- ________________________________ se déroule à Imilchil.

Écriture

Les enfants du monde

Où habitent Olesya et Oustinia ? En Ouzbékistan ?

Orthographe • La lettre *p*

page 120

1. Complète les cases bleues du tableau.

son [p]		son [f]	lettre muette
lettre __ un __lateau	lettres __ __ il a____elle	lettres __ __ un télé____one	lettre __ beaucou__

➔ Mémo, p. 11

2. Classe les mots suivants dans le tableau ci-dessus.

un loup • un phare • il apporte • petit
un phoque • trop • après • un appareil

3. Barre l'intrus dans chaque série.

- trop • il galope • du sirop • au galop
- un parachute • un xylophone • une éléphante • l'alphabet
- l'appétit • l'appel • il compte • une grappe
- il apprend • il approche • il applaudit • il aperçoit

4. Entoure la lettre p :
– bleu quand elle produit le son [p],
– en jaune quand elle produit le son [f] avec la lettre h,
– en rouge quand on ne l'entend pas.

Pendant les vacances, nous sommes partis au bord de la mer. Un jour, nous nous sommes promenés sur la plage jusqu'au phare. Papa a proposé que nous le visitions. Comme il y avait beaucoup de monde, il m'a porté sur ses épaules. Parvenus en haut, quelle vue splendide ! Nous sommes restés longtemps à observer la mer et les bateaux. Et, près de la presqu'île, il y avait des phoques et des dauphins.

Écriture

Son père l'appelle longtemps au téléphone.

Grammaire • Nom commun / Nom propre

page 120

1. Complète les phrases du mémo avec les mots suivants. Tu peux les utiliser plusieurs fois.

propres • communs

Les noms ____________ permettent de désigner un être vivant, un lieu, une chose, un sentiment.

Les noms ____________ sont donnés à une personne, un animal ou un lieu particulier. Les noms ____________ ont toujours une majuscule.

→ Mémo, p. 21

2. Souligne les noms propres dans ces phrases.

Ma chienne Caline a eu six petits. Ses chiots sont adorables. Samir est venu les voir. Il en a pris un et a dit : « Toi, tu t'appelleras Balthazar ! » Puis il a ajouté : « Je vais l'emmener chez le vétérinaire à Touillac. Le docteur Maurin le vaccinera. »

3. Écris les noms propres de la liste qui correspondent à chaque définition. N'oublie pas la majuscule !

Paris • la Méditerranée • les Alpes • Peter Pan • Mistigri • Noël

- C'est une grande ville : ____________
- Ce sont des montagnes : ____________
- C'est un chat : ____________
- C'est une mer : ____________
- C'est un héros : ____________
- C'est une fête : ____________

4. Classe tous les noms dans le tableau.

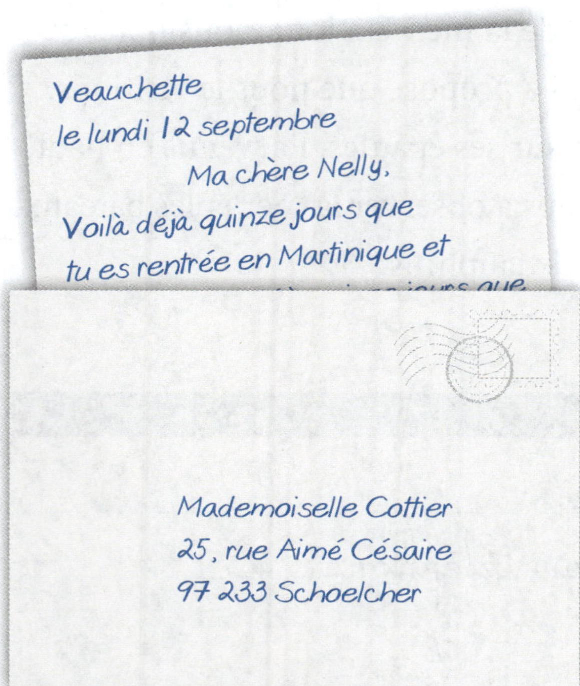

Noms communs	Noms propres

 page 121

1. Écris un pronom de conjugaison qui convient.

______ aurai	______ auront	______ auras
______ aurez	______ aurons	______ aura

→ Mémo, p. 29

2. Relie comme il convient.

1re personne du singulier •	• auras
2e personne du singulier •	• aura
3e personne du singulier •	• aurai
1re personne du pluriel •	• aurez
2e personne du pluriel •	• aurons
3e personne du pluriel •	• auront

3. Complète les phrases avec le verbe avoir au futur.

- Demain, je jouerai au foot et j'______ le maillot numéro n° 1.
- Demain, Marc retrouvera son papa et ______ une surprise.
- Demain, les enfants marcheront et ______ mal aux pieds.
- Demain, tu appelleras tes copains et tu ______ de leurs nouvelles.

4. Transforme les phrases au présent.

- Vous aurez de la chance. → ______
- Nous aurons de la neige. → ______
- Elles auront des enfants. → ______
- Il aura faim. → ______

5. Écris le verbe avoir au temps qui convient : *présent* ou *futur*.

- Autrefois, elle avait toujours peur mais, maintenant, elle ______ moins peur.
- Aujourd'hui, vous avez la leçon à apprendre, demain vous ______ les exercices à faire.
- Quand ils ______ six mois, les enfants sont vaccinés.
- Quand tu ______ 8 ans, tu changeras de classe.

L'ATELIER des mots • Les lettres muettes (1)

page 121

1. Complète les phrases du mémo avec les mots suivants.

muette • famille • lettre

Certains mots de base se terminent par une ______ ______.
Cette lettre se prononce parfois dans des mots de la même ______.

→ Mémo, p. 39

2. Écris le mot de base, comme dans l'exemple.

Mots de base	Mots de la même famille
haut	haute
______	droite
______	lourde
______	bavarde
______	plate

3. Écris le mot de base et entoure la lettre finale muette en t'aidant du mot de la même famille, comme dans l'exemple.

Exemple : grande → gran(d)

- grise → ______
- froide → ______
- assise → ______
- courte → ______
- blanche → ______
- ronde → ______

4. Relie chaque mot à sa lettre finale muette.

for •	
sour •	• d
gagnan •	• t
profon •	• s
gro •	

5. Écris la lettre finale muette qui manque.

- Le papier de ma chambre est ver___ .
- Mon gran___-père est génial.
- Le peti___ garçon joue avec ses voitures.
- Ce plat est trop gra___ !

Compréhension • Partie 3

pages 110-111

1. Écris le nom de l'animal qui correspond à chaque définition.

le scorpion • le dromadaire • la gerbille • le fennec • la vipère à cornes

- Il ne fait que 11 cm de long, mais sa piqûre est mortelle. ____________
- On l'appelle aussi le renard des sables. ____________
- Aucun petit mammifère ne résiste à sa redoutable morsure. ____________
- On l'appelle le roi du désert. ____________
- Sa queue est plus longue que son corps. ____________

2. Relie le début de la phrase à la fin qui convient.

L'erg Chebbi •	• est un mélange de cristaux brillants et de sable.
Les dromadaires •	• aiment photographier les animaux du désert.
Les touristes •	• promènent les touristes dans le désert.
Une rose des sables •	• est la plus grande étendue de sable du Maroc.

3. Entoure uniquement les mots de la recette de la rose des sables en chocolat : les ingrédients en rouge et les ustensiles en bleu.

des pétales de maïs grillés • de la farine • une casserole • des œufs
une grande assiette • de l'huile • du chocolat noir • une passoire
du beurre • une cuillère en bois • du lait • du sucre glace

4. Dans quelle région du Maroc aimerais-tu aller ? Celle de Karim, d'Aïcha ou de Nadir ? Explique pourquoi en utilisant des mots de la liste.

Fès • les roses des sables ____________
le souk • le Haut-Atlas ____________
des céramiques • le village ____________
les montagnes • les moutons ____________
le désert • les dromadaires ____________

Écriture

Les îles Kiribati de Micronésie sont en Océanie. Non ?

Orthographe • La lettre *h*

page 122

1. Complète les cases bleues du tableau.

son [ʃ]	son [k]	son [f]	lettre muette
lettres ____ ____ez	**lettres** ____ un te____nicien	**lettres** ____ il ____otogra____ie	**lettre** ____ de__ors
____ ____	____ ____	____ ____	____ ____

→ Mémo, p. 11

2. Classe les mots suivants dans le tableau ci-dessus.

une phrase • en haut • riche • la technique
un phénomène • un cahier • un artichaut • l'écho

3. Barre l'intrus dans chaque série.

- un haricot • un nénuphar • la préhistoire • la hauteur • il habite
- un chenil • une cheminée • une cohorte • un chapeau • une chaussette
- une pharmacie • un philosophe • un phare • un pharaon • une panthère
- un chronomètre • un psychologue • une chorale • Christophe • il achète

4. Mets les lettres dans l'ordre pour écrire le mot qui correspond au dessin.

 AACEHMU — un ____

 ACEHH — une ____

 AÉÉLHNPT — un ____

 CEEHORRST — un ____

Écriture

Aujourd'hui, on a photographié un chameau.

Grammaire • L'adjectif

1. Complète les phrases du mémo avec les mots suivants.

devant • nom • groupe • adjectif • derrière • nominal

L' ______ est un mot qui apporte des précisions sur le ______ .
Certains adjectifs se placent ______ le nom (un chat **noir**),
d'autres se placent ______ (un **gros** chat).
Le déterminant, le nom et l'adjectif qui l'accompagne forment le ______
______ .

→ Mémo, p. 21

2. Entoure l'adjectif dans chaque groupe nominal.

une bouche souriante • un gros nez • un menton pointu • un œil malicieux
un grand front • des cheveux sales • les joues creuses • les oreilles décollées

3. Complète les groupes nominaux avec les adjectifs de la liste.

déchiré • affectueux • attentif • immense • pluvieux • bizarre

- un arbre ______
- un bruit ______
- un animal ______
- un temps ______
- un élève ______
- un short ______

4. Complète chaque phrase en choisissant deux adjectifs entre parenthèses. Attention à leur place !

- (rigolo – grand – minuscule) Au zoo, il a vu un ______ singe ______ .
- (bleu – superbe – rouge) Elle a acheté un ______ pull ______ .
- (multicolore – beau – gros) Tu as choisi un ______ déguisement ______ .
- (troué – neuf – vieux) J'ai mis mon ______ pantalon ______ .

5. Souligne l'adjectif dans chaque phrase du texte.

Steve aperçoit un arbre étrange. Il possède un tronc énorme. Il est couvert de fleurs magnifiques. Leurs pétales bleus s'agitent. Un gaz jaune jaillit et lui pique les yeux. C'est un arbre ensorcelé.

Conjugaison • Le futur du verbe être

page 123

1. Écris un pronom de conjugaison qui convient.

________ serons	________ sera	________ seras
________ seront	________ serez	________ serai

→ Mémo, p. 29

2. Relie comme il convient.

1re personne du singulier •	• seras
2e personne du singulier •	• serons
3e personne du singulier •	• serai
1re personne du pluriel •	• seront
2e personne du pluriel •	• serez
3e personne du pluriel •	• sera

3. Complète les phrases avec le verbe être à la même personne et au futur.

- Vous me téléphonerez quand ________ à Paris.
- Nous t'appellerons quand ________ en vacances.
- Elles donneront des nouvelles quand ________ au Maroc.
- Il racontera ses aventures quand ________ de retour.

4. Transforme les phrases au présent.

- Je serai content. ➜ ________
- On sera étonné. ➜ ________
- Sera-t-il heureux ? ➜ ________
- Seras-tu le vainqueur ? ➜ ________

5. Écris le verbe être à la même personne et au temps qui convient : *présent* ou *futur*.

- Au CP, il était polisson mais, maintenant, ________ sage.
- Aujourd'hui, nous sommes mercredi, demain ________ jeudi.
- Elles font des bêtises quand ________ chez leur mamie.
- Je mettrai mes baskets quand ________ au gymnase.

1. Complète les phrases du mémo avec les mots suivants.

se prononce • famille • lettre

Pour trouver la ______ finale muette d'un mot de base, on peut chercher un mot de la même ______ dans lequel cette lettre ______ .

➜ Mémo, p. 39

2. Écris le mot de base, comme dans l'exemple.

Mots de base	Mots de la même famille
haut	la hauteur
______	la blancheur
______	la lenteur
______	le bavardage
______	la longueur

3. Écris le mot de base et entoure la lettre finale muette en t'aidant du mot de la même famille.

- un chaton ➜ ______
- une toiture ➜ ______
- le troisième ➜ ______
- la froideur ➜ ______
- la grisaille ➜ ______
- une rondelle ➜ ______

4. Relie chaque mot à sa lettre finale muette.

le retar •	
un abrico •	• d
un sau •	• t
un villageoi •	• s
le repo •	

5. Écris la lettre finale muette qui manque.

- Le rugby est mon spor___ préféré.
- Le tuyau du lavabo contient du plom___ .
- Le cheval court au galo___ .

Récréation

1. Complète la présentation de cet animal avec les mots qui conviennent.

LE PHOQUE MOINE D'HAWAÏ

poisson • coraux • marin

• Ce mammifère ______________ chasse au milieu des ______________ .

limite • sillonne • recherche

• Il ______________ aussi les récifs à la ______________ de crustacés.

privilège • précieux • prédateur

• Ce ______________ plonge après avoir fait le plein d'un oxygène ______________ .

vacillent • perturbe • allaitent

• Les femelles ______________ leurs petits à l'écart pour qu'on ne les ______________ pas.

2. Choisis des mots qui conviennent parmi les mots que tu as utilisés dans l'exercice 1.

• un verbe singulier : ______________
• un verbe pluriel : ______________
• un nom pluriel : ______________
• un adjectif singulier : ______________

3. Complète les dialogues en suivant le modèle.

— Est-il connu ?
— Non, il n'est pas connu.
Il est inconnu.

— Est-il poli ?
— Non, ______________
Il ______________

— Est-______________
____
— Non, elle n'est pas grande.
Elle ______________

— Sont-______________
____
— Non, ______________
Ils sont maigres.

4. Souligne le verbe de chaque phrase. Entoure le sujet. Remplace le sujet par le pronom de conjugaison qui correspond.

- Les petits Marocains travaillent à l'école le mercredi matin. → ____________________
- Fès a un musée très réputé. → ____________________
- Le vent souffle souvent en rafale sur les dunes du désert. → ____________________
- Ces roses des sables sont en chocolat. → ____________________

5. Transforme les phrases, comme dans l'exemple.

Exemple : Il donne un coup de pied. → Il ne redonnera pas de coup de pied.

- Elles jouent avec les allumettes.

→ ____________________

- Tu tires les cheveux.

→ ____________________

- Nous parlons en classe.

→ ____________________

6. Écris oui ou non.

- Un taureau est-il le petit de la taure ? ____________
- Un canon est-il le petit de la cane ? ____________
- Une boulette est-elle une petite boule ? ____________
- Un coffret est-il un petit coffre ? ____________
- Une baguette est-elle une petit bague ? ____________
- Un chevreau est-il le petit de la chèvre ? ____________
- Un fouet est-il un petit fou ? ____________

7. Complète la grille de mots croisés.

1. verbe *observer*, présent, 1re pers. du pluriel.
2. verbe *chasser*, futur, 3e pers. du singulier.
3. verbe *parler*, présent, 2e pers. du singulier.
4. verbe *avoir*, futur, 2e pers. du singulier.
5. verbe *croiser*, futur, 3e pers. du pluriel.
6. verbe *être*, présent, 3e pers. du singulier.

Compréhension • Scène 1

pages 126-127

1. Entoure les personnages présents dans la pièce de théâtre.

un champignon • des bouleaux • un rocher • un saule pleureur
un sapin • des fougères • un pommier • le vent
des buissons • une pierre • un chêne

2. Écris le nom du personnage qui prononce ces phrases.

la pierre • le vent • les fougères

- « Arrête ta course, le vent, tu embrouilles notre feuillage ! » ____
- « Je tourbillonne, je m'abandonne et je respire ! » ____
- « Tu sais bien que j'ai la roche fragile.
Je risque d'attraper froid près de toi. » ____

3. Écris ce que dit le saule pleureur en mettant les mots et les groupes de mots dans l'ordre.

| le vent, | mes larmes | Arrête | de sève ! | ta course, | tu assèches |

- **Le saule pleureur :** ____

4. Relie chaque sens du mot « scène » à la phrase qui correspond.

Partie du théâtre où jouent les acteurs. •	• Léo a fait une scène à Marie parce qu'elle est rentrée tard.
Partie du texte d'une pièce de théâtre. •	• Les comédiens entrent et sortent de la scène.
Discussion animée entre deux personnes. •	• Je dois apprendre la scène 2 de la pièce pour demain.

Écriture

Pourquoi ne vas-tu pas au Portugal chez Palmira ?

Orthographe • La lettre t

page 138

1. Complète les cases bleues du tableau.

son [t]		son [ɛ]	son [sj]	lettre muette
lettre ___	lettres ___ ___	lettres ___ ___	lettres ___ ___	lettre ___
un cos___ume	elle a___rape	un obj___	une posi___on	devan___
______	______	______	______	______
______	______	______	______	______

➜ Mémo, p. 12

2. Classe les mots suivants dans le tableau ci-dessus.

cette • un spectacle • il met • elle peut • une action
la patience • cet • un abricot • abattre • un jouet

3. Barre l'intrus dans chaque série.

- une solution • nous partions • une potion • une addition
- le basket • sept • le contact • debout • chut !
- muet • la forêt • Internet • un furet • un tabouret

4. Entoure la lettre t : – en bleu quand elle produit le son [t],
– en jaune quand elle produit le son [sj],
– en vert quand on ne l'entend pas.

- Quentin attend patiemment le train.
- Mathis boit du thé en mangeant un petit gâteau.
- À l'hôpital, le docteur prévoit une opération.

5. Mets les lettres dans l'ordre pour écrire le mot qui correspond au dessin.

ABENTTT
ils se ______

ACEHLT
un ______

ACERRTTU
un ______

ADENNST
ils ______

Écriture

Elle fait très attention à son costume de théâtre violet.

Grammaire • Les accords dans le groupe nominal (1)

page 138

1. Complète les phrases du mémo avec les mots suivants.

nom • singulier • pluriel

L'adjectif s'accorde avec le ______________ qu'il accompagne :
– au ______________, on ajoute à l'écrit la lettre s et parfois la lettre x.
– au ______________, on n'ajoute rien.

→ Mémo, p. 22

2. Classe les adjectifs de ces groupes nominaux dans le tableau.

deux gentils toutous • un travail fatigant • un joli pull
de bons gâteaux • un gros paquet • cette petite fille

Adjectifs au singulier	Adjectifs au pluriel

3. Transforme les groupes nominaux au singulier ou au pluriel.

- mes nouvelles vestes → ______________
- le chapeau noir → ______________
- ce pull gris → ______________
- mes vieux gants → ______________

4. Ajoute deux adjectifs à chaque nom. Tu peux utiliser ceux de la liste. Attention aux accords !

Exemple : les monstres → les abominables monstres poilus

minuscule • étrange • adorable • barbu • triste • chauve

- les sorciers → ______________
- leur bébé → ______________
- trois lapins → ______________

5. Entoure l'adjectif entre parenthèses qui convient.

Les fourmis (noire / noires) vivent en colonies (nombreuse / nombreuses).
Leur fourmilière (principale / principales) est située dans un sol (sec / secs) ou sous l'écorce (épaisse / épaisses) d'un arbre. Seule la (grosse / grosses) reine pond des œufs (minuscule / minuscules) qui deviendront un jour de (nouvelle / nouvelles) fourmis.

1. Complète la conjugaison des verbes au futur.

verbes en -er	avoir	être
je parle____	j'____rai	je ____rai
tu travaille____	tu ____ras	tu ____ras
il/elle/on s'entraîne____	il/elle/on ____ra	il/elle/on ____ra
nous interpréte____	nous ____rons	nous ____rons
vous souffle____	vous ____rez	vous ____rez
ils/elles joue____	ils/elles ____ront	ils/elles ____ront

→ Mémo, p. 30

2. Transforme les phrases au présent.

- Il portera une veste noire. → ____
- Ils seront tristes. → ____
- J'aurai un habit sombre. → ____

3. Transforme les phrases au futur.

- Tu enfiles un bonnet. → ____
- Vous avez des gants. → ____
- Nous sommes bien déguisés. → ____

4. Écris l'infinitif du verbe souligné et le temps employé : *présent* ou *futur*.

	Infinitif	Temps
Un jour, le maître demande aux élèves :	____	____
« Que serez-vous plus tard ?	____	____
– Moi, je serai pompier !	____	____
– Nous aurons un magasin de jouets !	____	____
– Et toi, Tom, quel métier auras-tu ? »	____	____
Tom n'a pas d'idée.	____	____
Il est bien ennuyé.	____	____

Vocabulaire • L'ordre alphabétique (3)

page 139

1. Complète les phrases du mémo avec les mots suivants.

première • début • alphabétique • deuxième

Pour classer des mots dans l'ordre ____________, on compare les lettres du ____________. On compare d'abord la ____________ lettre puis la ____________ lettre, et ainsi de suite.

→ Mémo, p. 40

2. Recopie les mots dans l'ordre alphabétique.

prune	____________
pêche	____________
pomme	____________
pastèque	____________

3. Recopie les mots de chaque série dans l'ordre alphabétique.

cheval	____________	lion	____________
chat	____________	limace	____________
chien	____________	lièvre	____________

4. Recopie les mots de chaque série dans l'ordre alphabétique.

charrette	____________	basket	____________
chariot	____________	bille	____________
char	____________	ballon	____________
charrue	____________	balle	____________

5. Recopie les mots de chaque série dans l'ordre alphabétique.

grenouille	____________	papier	____________
groseille	____________	paquebot	____________
grillon	____________	papillon	____________
grippe	____________	panier	____________
grimace	____________	prix	____________

Compréhension • Scène 2

pages 128-129

1. Écris le nom des personnages qui parlent dans cet extrait de la scène 2.

Les fougères • Le chêne • Le saule pleureur

________ – Il commence à faire nuit ! La lune se dessine dans le ciel !

Le chêne s'étire, puis se déracine tout seul. Il marche et fait quelques flexions.

________ – Vous exagérez, le chêne ! Il ne fait pas totalement nuit. Si des humains venaient à passer par là !

________, *pleurant.* – Ce serait un drame !

2. Complète les phrases avec les mots de la liste.

nuit • bel • nocturnes • demain • doute • bois • flèches

- ________ je t'abattrai, ________ arbre. Demain, avec ton ________, je me ferai un arc et des ________.
- Aucun humain ne se ________ que la nature se déracine chaque ________ afin de faire des balades ________.

3. Réponds aux questions.

- Qui pénètre dans la forêt ? C'est ________
- Pourquoi veut-il couper le bouleau-fille ? Il ________

____

4. Coche le résumé de la scène qui convient le mieux.

☐ La nuit tombe et, soudain, un garçon arrive dans la forêt. Il dessine une croix sur le tronc du bouleau-fille et annonce qu'il l'abattra demain. Puis il quitte la forêt. À ces mots, le bouleau s'effondre et ses amis sont bouleversés. Alors le chêne se met à chercher une solution.

☐ La lune apparaît dans le ciel. Les personnages se figent car un garçon arrive dans la forêt. Il souhaite se fabriquer un arc et des flèches en bois et cherche l'arbre qui conviendrait le mieux. Finalement, après une longue hésitation, il choisit un bouleau. Il reviendra demain pour l'abattre.

Écriture

Les enfants du monde

Quel prénom du Québec aimes-tu ? Quérette ou Quilda ?

Orthographe • La lettre s (1)

page 140

1. Complète les cases bleues du tableau.

son [s]	son [z]	lettre muette
lettre ___ le ___ilence	lettre ___ la ba___e	lettre ___ jamai___
______ ______	______ ______	______ ______

→ Mémo, p. 12

2. Classe les mots suivants dans le tableau ci-dessus. Attention aux intrus !

toujours • ma place • une course • un lézard • une rose
une sculpture • alors • une addition • une cerise

3. Barre l'intrus dans chaque série.

- une chose • un vase • il pose • il se rase • un parasol
- le serpent • la valise • il pense • le sang • la sirène
- dedans • des dents • mais • un tournevis • nous rions

4. Entoure la lettre s : – en bleu quand elle produit le son [s],
– en jaune quand elle produit le son [z],
– en vert quand on ne l'entend pas.

Élisa, la danseuse, se rend à la salle de sport. Elle valse devant la glace. Ensuite, elle sirote un jus de fruits. Puis sa cousine Sarah la ramène à la maison.

5. Mets les lettres dans l'ordre pour compléter chaque phrase.

- On a tondu la ______________ (e s u p o l e) du stade.
- Pour le carnaval, j'ai mis mon ______________ (t o c u s e m) de clown.
- La mère de l'agneau s'appelle la ______________ (b i r b e s).

Écriture

Dans cette scène, tu laisses les fougères dire leur phrase.

Grammaire • Les accords dans le groupe nominal (2)

page 140

1. Complète les phrases du mémo avec les mots suivants.
Tu peux utiliser certains mots plusieurs fois.

genre • féminin • pluriel • nombre

L'adjectif s'accorde en ______________ et en ______________ avec le nom.

Au masculin ______________, on ajoute à l'écrit la lettre s.

Au ______________ singulier, on ajoute à l'écrit la lettre e.

Au ______________ ______________, on ajoute à l'écrit les lettres es.

➜ Mémo, p. 22

2. Classe les adjectifs de ces groupes nominaux dans le tableau.

la classe voisine • cette jolie plume • un jour magnifique
ma bonne fée • notre pauvre maître • leur incroyable voyage

Adjectifs au féminin	Adjectifs au masculin
______________	______________
______________	______________

3. Transforme les groupes nominaux au féminin ou au masculin.

- un grand garçon (fille) ➜ ______________
- une jambe cassée (bras) ➜ ______________
- un pantalon serré (chemise) ➜ ______________
- une grosse salade (chou) ➜ ______________

4. Repère les adjectifs et classe-les dans le tableau.

une voiture noire • des voitures noires • un camion noir • des camions noirs
des phares allumés • un klaxon puissant • une roue crevée • des vitres teintées

	Féminin	Masculin
Singulier	______________	______________
Pluriel	______________	______________

Conjugaison • Le présent de *dire* et *faire*

page 141

1. Complète la conjugaison des verbes dire et faire au présent.

dire	faire
je ______	je fais
tu ______	tu ______
il/elle/on dit	il/elle/on ______
nous disons	nous ______
vous ______	vous ______
ils/elles ______	ils/elles ______

→ Mémo, p. 30

2. Transforme les phrases au présent.

- Tu feras un excellent cavalier. → ______
- Nous ne dirons pas notre secret. → ______
- Vous ferez des boules de neige. → ______
- Je dirai la réponse. → ______
- Elles feront toujours des bêtises. → ______
- Il ne dira jamais où il est caché. → ______

3. Complète chaque phrase avec les verbes dire et faire au présent, comme dans l'exemple.

Exemple : Je fais toujours ce que tu dis.

- Nous ______ toujours ce que vous ______ .
- Elles ______ toujours ce qu'il ______ .
- On ______ toujours ce qu'elles ______ .

4. Entoure les verbes orthographiés correctement.

Notre maîtresse (fais / fait) une leçon de géométrie. Elle (dit / dis) de faire un carré. Mes voisins (disent / dise) : « Nous le (fesons / faisons) avec l'équerre ? »
Avec Lise, on leur (dis / dit) : « Évidemment ! (Faites / Fête) attention aux angles droits ! »
« D'accord, on (fais / fait) ce que vous (dites / dite). »

1. Complète les phrases du mémo avec les mots suivants.

préfixe • famille • base • suffixe

À partir d'un mot de ______________, on peut construire plusieurs mots de la même ______________ en ajoutant un ______________ au début ou un ______________ à la fin, ou les deux.

→ Mémo, p. 40

2. Ajoute le préfixe qui convient pour construire un mot de la même famille.

re- • in- • dé-

- fermer → ______________
- supportable → ______________
- rouler → ______________
- jouer → ______________

3. Ajoute le suffixe qui convient pour construire un mot de la même famille.

-ment • -able • -eur • -eau

- un chant → ______________
- aimer → ______________
- juste → ______________
- un serpent → ______________

4. Construis et écris le plus de mots possible.

		déchir(e)		ment	______________	______________
in	+	fidèl(e)	+	ure	______________	______________
		solid(e)		able	______________	______________
				ité	______________	______________

5. Choisis trois mots construits dans l'exercice 4. Écris une phrase avec chacun des mots.

- ______________________________
____
- ______________________________
____
- ______________________________
____

Compréhension • Scène 3

pages 130-131

1. Souligne : – le nom des personnages en bleu,
– les paroles des personnages en vert,
– les indications de mise en scène en jaune.

La pierre – Ne reviens que pour te promener !

Le garçon – D'accord ! Pardon, Nature ! Pardon !

Le garçon quitte la forêt, abattu. Arrive le vent.

Le vent – Alors la pierre, tu ne rejoins pas tes amis ?

La pierre – Tu es déjà au courant ?

2. Vrai ou faux ? Coche la bonne réponse.

	Vrai	Faux
Le chêne conseille aux bouleaux de s'enfuir.		
Le garçon retrouve le bouleau et l'abat.		
C'est le vent qui traite le garçon d'assassin d'arbre.		
Le garçon ne savait pas que les arbres avaient un cœur.		
La pierre, trop âgée pour bouger, restera là en compagnie du vent.		

3. Sur le chemin du retour, le garçon croise le bouleau-fille.
Écris un petit dialogue entre ces deux personnages.

Aide-toi de l'exercice 1 pour présenter ce dialogue. Tu peux ajouter quelques indications de mise en scène.

Écriture

Les enfants du monde

Regarde là-bas Rodia et Raïssa qui arrivent de Russie.

Orthographe • La lettre s (2)

page 142

1. Complète les cases bleues du tableau.

son [z]	son [s]
lettre ___ un voi___in	lettres ___ ___ il pou___e
___________ ___________	___________ ___________

→ Mémo, p. 12

2. Classe les mots suivants dans le tableau ci-dessus. Attention aux intrus !

zéro • le présent • trois • la classe • une rose
les vacances • un garçon • une balançoire • ils pressent

3. Entoure le mot entre parenthèses qui convient.

- Manon a (casé / cassé) son jouet.
- L'archer (vise / visse) la cible.
- Il y a du gâteau au (désert / dessert).
- Mon (cousin / coussin) s'appelle Elvis.
- Cette potion est un vrai (poison / poisson).
- Il a mal à la (cuise / cuisse).

4. Complète les mots avec la lettre s ou les lettres ss. Puis relie chaque mot au dessin qui convient.

- une ta___e
- il cha___e
- du rai___in
- des gro___eilles
- une pri___on
- un pou___in

Écriture

Nous choisissons de dessiner les arbres.

Grammaire • Éviter la répétition du sujet (1)

page 142

1. Complète les phrases du mémo avec les mots suivants.

virgule • répétition • phrase

Pour éviter la ______________ du sujet, on peut lier plusieurs actions dans une même ______________ en utilisant une ______________ et le mot et.

→ Mémo, p. 22

2. Forme une seule phrase pour éviter la répétition du sujet.

- La fillette entre dans la forêt. La fillette rencontre un loup.

→ ______________

- Le loup bavarde avec elle. Le loup lui propose de faire la course.

→ ______________

3. Transforme chaque longue phrase en plusieurs phrases plus courtes.

- Le loup arrive chez la grand-mère et frappe à la porte.

→ ______________

____

- Il entre, avale la grand-mère, enfile une robe de chambre et se couche.

→ ______________

____

4. Forme une seule phrase pour éviter la répétition du sujet, comme dans l'exemple.

Exemple : La petite fille arrive devant la maison. Elle entre. Elle se met à parler.

→ La petite fille arrive devant la maison, entre et se met à parler.

- Le loup déguisé lui répond. Il lui sourit. Il l'appelle.

→ ______________

____

- Elle pose son panier. Elle s'approche du lit. Elle regarde le loup.

→ ______________

____

Conjugaison • Le présent de *aller* et *venir*

1. Complète la conjugaison des verbes aller et venir au présent.

aller	venir
je ______	je ______
tu vas	tu ______
il/elle/on va	il/elle/on vient
nous ______	nous venons
vous allez	vous ______
ils/elles ______	ils/elles ______

→ Mémo, p. 30

2. Réécris les phrases en conjuguant les verbes entre parenthèses au présent.

- Je (aller) à la kermesse. → ______
- Nous (venir) avec vous. → ______
- Ils (aller) et (venir) dans les couloirs. → ______
- Elle (aller) souvent jouer au parc. → ______
- Vous (venir) toujours me déranger. → ______
- Tu (aller) chez le médecin. → ______

3. Entoure les verbes orthographiés correctement.

Pendant les vacances, nous (allont / allons) toujours à la mer. Pendant ce temps, mes cousines (viennent / vienne) dans notre maison. Tonton Marcel (vas / va) s'occuper du jardin, Niko et Alex (vont / vons) s'occuper des chiens.

Et toi, où (vas / va)-tu cet été ? Si tu (viens / vient) avec moi, ce sera bien !

4. Conjugue les verbes au présent à la personne indiquée.

- **revenir** : je ______
- **convenir** : il ______
- **prévenir** : vous ______
- **survenir** : ils ______
- **parvenir** : nous ______
- **devenir** : tu ______

L'ATELIER des mots • Construction avec un mot de base modifié (1) *page 143*

1. Complète les phrases du mémo avec les mots suivants.

entier • écrit • entend

Dans certains mots d'une même famille, le mot de base s'________
mais il n'est pas ________ en ________ .

→ Mémo, p. 40

2. Dans chaque série, entoure le mot qui n'est pas construit avec un suffixe.

- un olivier • un palmier • un cahier • un charpentier
- une page • un plumage • un passage • un personnage
- un encrier • un châtaignier • un rosier • un métier

3. Construis d'autres mots avec le suffixe -age.

____

4. Trouve le mot de base.

- la timidité → ________
- un framboisier → ________
- une coiffeuse → ________
- un policier → ________
- un pommier → ________
- une impossibilité → ________
- aimable → ________
- la simplicité → ________

5. À partir du mot de base, construis, pour chaque phrase, un mot de la même famille.

- la ferme → Le ________ conduit son tracteur.
- la voile → Le ________ sort du port.
- un cheveu → Chloé a une belle ________ blonde.
- une aventure → En construisant leur cabane dans les bois, les enfants ont joué aux ________ .

Compréhension • Partie 1

pages 146-147

1. Vrai ou faux ? Coche la bonne réponse.

	Vrai	Faux
Il y a des régions du monde où il n'y a pas de forêts.		
Il n'y avait pas de forêts avant l'arrivée des premiers hommes.		
Selon le climat d'une région, les forêts peuvent être différentes.		
Les forêts tempérées se situent dans les régions où il y a quatre saisons.		
En France et au Canada, il y a surtout des forêts tropicales.		
Quand un arbre fleurit, les fleurs mâles reçoivent le pollen des fleurs femelles.		

2. Réponds aux questions.

- Que se passe-t-il quand une graine germe ?

____

- Où les racines se développent-elles ?

____

- Que devient la tige après plusieurs années ?

____

3. Numérote les étapes de la vie d'un arbre dans l'ordre.

n° ______

n° ______

n° ______

n° ______

Écriture

Si tu vas en Suède, va voir Sigfrid et Solveig.

Orthographe • La lettre c

page 158

1. Complète les cases bleues du tableau.

son [k]	son [s]		lettre muette
lettre ___ ___omme	lettre ___ une pla___e	lettre ___ il lan___ait	lettre ___ blan___

→ Mémo, p. 13

2. Classe les mots suivants dans le tableau ci-dessus. Attention aux intrus !

un glaçon • un banc • il marche • le cinéma • une corde
une balançoire • un cygne • une hache • le flanc • un bloc

3. Complète les mots avec la lettre c ou la lettre ç.

- Les élèves de ___ette ___lasse apprennent bien leurs le___ons.
- Quand Tilly se ___omporte mal, elle dé___oit ses parents.
- ___e gar___on réussit bien ses exer___i___es de fran___ais.

4. Entoure la lettre c : – en bleu quand elle produit le son [k],
– en jaune quand elle produit le son [s],
– en vert quand on ne l'entend pas.

Cécile a très mal à l'estomac. Le médecin l'a auscultée. Il l'a beaucoup écoutée. Puis il lui a prescrit des médicaments. Monsieur Duclos, le pharmacien, en a placé trois boîtes dans un sac en lui souhaitant un bon rétablissement.

Écriture

L'insecte a aperçu le tronc et les racines du chêne.

page 158

1. Complète les phrases du mémo avec les mots suivants.

pronom • répétition • groupe • nominal

Pour éviter la ______ du sujet, on peut remplacer un nom ou un groupe nominal :
- par un ______ ;
- par un autre ______ ______ .

→ Mémo, p. 23

2. Associe les phrases comme il convient.

Élisabeth a froid. •	• La bande de gamins court partout.
Le lion est allongé dans l'enclos. •	• Le grand fauve roule sur le dos.
Les enfants jouent dehors. •	• Elle met son pull.

3. Évite la répétition du sujet en utilisant un pronom de conjugaison, comme dans l'exemple.

Exemple : Étienne est très malade alors Étienne va chez le médecin.

→ Étienne est très malade alors il va chez le médecin.

- Sarah n'aime pas les bonbons, mais Sarah aime bien le chocolat.

→ Sarah n'aime pas les bonbons, mais ______ .

- Quand Tony est en retard, Tony appelle ses parents.

→ Quand Tony est en retard, ______ .

- Solène et Anna ont un chien. Solène et Anna promènent leur chien.

→ Solène et Anna ont un chien. ______ .

4. Évite la répétition du sujet en utilisant un autre groupe nominal, comme dans l'exemple.

Exemple : Louiza a un chien. Louiza le sort tous les jours.

→ Louiza a un chien. La petite fille le sort tous les jours.

- Enzo a de nouvelles baskets. Enzo va courir avec.

→ Enzo a de nouvelles baskets. ______ .

- Les bébés chats sont nés. Les bébés chats tètent leur mère.

→ Les bébés chats sont nés. ______ .

Conjugaison • L'imparfait des verbes en -er

page 159

1. Complète la conjugaison du verbe marcher à l'imparfait.

je march______ nous march______
tu march______ vous march______
il/elle/on march______ ils/elles march______

→ Mémo, p. 31

2. Relie comme il convient.

	• plantions •	
1re personne du singulier •	• soignait •	• 1re personne du pluriel
2e personne du singulier •	• arrosaient •	• 2e personne du pluriel
3e personne du singulier •	• taillais •	• 3e personne du pluriel
	• cultiviez •	

3. Mets les pronoms et les verbes au pluriel.

- elle décorait → elles ______
- j'allumais → ______
- tu mangeais → ______
- il fêtait → ______

4. Coche le temps auquel les verbes sont conjugués.

	Présent	Futur	Imparfait
On trouvera.			
Arrivent-elles ?			
Poussait-il ?			
Tu planteras.			

5. Décompose les verbes, comme le modèle.

3e pers. du singulier	verbe *jouer*	imparfait	
il	jou	ait	→ il jouait
1re pers. du pluriel	verbe *passer*	présent	
______	______	______	→ ______
2e pers. du singulier	verbe *donner*	imparfait	
______	______	______	→ ______

Vocabulaire • Les homophones

page 159

1. Complète les phrases du mémo avec les mots suivants.

dictionnaire • sens • homophones • orthographe

Les ______________ sont des mots qui se prononcent de la même manière mais qui n'ont ni le même ______________ ni la même ______________.

Le ______________ permet de faire la différence entre plusieurs homophones.

→ Mémo, p. 41

2. Complète chaque couple de phrases avec l'homophone qui convient.

bout / boue • date / datte • bal / balle

- Il est tombé dans la ______________ . • Elle mange un ______________ de pain.
- Écrivez la ______________ . • J'ai mangé une ______________ délicieuse.
- Passe-moi la ______________ . • On va danser au ______________ .

3. Entoure l'homophone entre parenthèses qui convient.

- Le (porc / port) est un animal à quatre (pâtes / pattes).
- Le Père Noël pose sa (haute / hotte) et attache ses (rennes / reines).
- Dans la ferme, il y a un (coq / coque), un canard et une (cane / canne).

4. Complète les phrases avec des homophones que tu n'as pas entourés dans l'exercice 3.

- Pour marcher, mamie utilise une ______________ .
- L'endroit où les bateaux sont à l'abri, c'est le ______________ .
- La femme du roi, c'est la ______________ .

5. Recopie chaque homophone à l'endroit qui convient. Pense à un mot de la même famille.

- lait / laid → L'homme qui boit le ______________ est très ______________ .
- sang / cent → Il y avait plus de ______________ litres de ______________ de bœuf.
- bon / bond → Elle a fait un ______________ de 2 mètres. C'est un ______________ saut.

6. Écris une phrase avec chaque homophone. Tu peux utiliser le dictionnaire.

- ver : ______________
- vert : ______________
- verre : ______________

Compréhension • Partie 2

pages 148-149

1. Complète les phrases avec les mots de la liste.

année • automne • tombent • conifères • nervures • printemps • aiguilles

• Les feuillus ont des feuilles plates et à ________________ . Elles sont caduques, c'est-à-dire qu'elles tombent à l'________________ et repoussent au ________________ .

• Les ________________ ont des feuilles persistantes : ce sont des ________________ qui ________________ et qui repoussent tout au long de l'________________ .

2. Écris le nom de l'arbre dont provient le fruit dessiné.

le cerisier

____

____

____

____

3. Écris la phrase en mettant les mots dans l'ordre.

Un	cône.	forme	des	fruits	de	conifère	en	donne

____

4. Coche la bonne réponse.

• Quel arbre résiste à la sécheresse grâce à sa grande réserve d'eau ?

☐ Le chêne. ☐ Le dattier. ☐ Le baobab.

• Que fête-t-on au Japon quand le cerisier fleurit ?

☐ L'arrivée de l'automne. ☐ L'arrivée du printemps. ☐ La fin de l'année.

• De quelle couleur est le bois d'ébénier ?

☐ Marron. ☐ Jaune. ☐ Noir.

• Combien y a-t-il d'espèces d'eucalyptus ?

☐ Plus de 60 espèces. ☐ Plus de 600 espèces. ☐ Plus de 6 000 espèces.

Écriture

Les enfants du monde

Tu connais Timour et Tuna, mes cousins de Turquie ?

Orthographe • Les lettres *c*, *k* et *q*

page 160

1. Complète les cases bleues du tableau.

son [k]						
lettre ___ une ___arotte	**lettre** ___ cin___	**lettres** ___ il ___itte	**lettre** ___ un ___ilo	**lettres** ___ d'a___ord	**lettres** ___ une ___orale	**lettres** ___ un ti___et
___	___	___	___	___	___	___

➔ Mémo, p. 13

2. Classe les prénoms suivants dans le tableau ci-dessus. Attention aux intrus !

Claudia • Michel • Chicco • Kim • Jack • Quentin • Qin • Célia • Chloé

3. Entoure les mots où le groupe de lettres ch produit le son [k].

- Cinquante choristes chantent ensemble.
- Le chef d'orchestre agite sa baguette.
- On a affiché le portrait de ce musicien sur la frise chronologique.

4. Entoure les lettres et les groupes de lettres qui produisent le son [k].

Mon oncle se nomme Michel, mais tout le monde l'appelle Mickey. Il a une belle moto de couleur rouge. Un de ses copains, qui est un artiste, a peint un kangourou sur le côté de la machine. Comme Mickey aime bien qu'on regarde sa moto, il nettoie souvent les chromes qui brillent au soleil. Quand il vient nous voir, il me laisse m'asseoir derrière lui. Et pendant quelques kilomètres, nous suivons la route qui pique vers le village. Et qu'est-ce qu'il est prudent mon oncle, il veut toujours que je mette mon casque !

Écriture

Cinq tickets de ski contre ce disque de techno : d'accord ?

Grammaire • Les marques du dialogue (1)

page 160

1. Complète les phrases du mémo avec les mots suivants.

ligne • dialogue • tiret • parole

Dans un ____________, chaque fois qu'un personnage prend la ____________ :
– on passe à la ____________ ;
– on met un ____________ au début des paroles.

→ Mémo, p. 23

2. Souligne les phrases qui sont dites par un personnage.

Les gardes forestiers arrivent dans une clairière.
– Sors vite l'extincteur.
– Tu as raison, ce feu n'est pas très grand, on pourra le maîtriser nous-mêmes.
Le plus jeune s'approche pour éteindre l'incendie.
– Il suffit que quelqu'un ne fasse pas attention et c'est la catastrophe.

3. Trace une croix là où il faut passer à la ligne et mettre un tiret.

– J'aime marcher dans la forêt. Moi, je n'aime pas marcher du tout. C'est parce que tu n'es jamais venu avec moi. Je connais des paysages splendides. Peut-être, mais je n'aime vraiment pas marcher ! Eh bien, tu ne sais pas ce que tu rates !

**4. Recopie les étiquettes dans l'ordre pour écrire un dialogue.
N'oublie pas les marques du dialogue !**

Justement,
tu as l'habitude.

Si l'on jouait
à cache-cache ?

Un, deux, trois !
Je t'ai vu !

D'accord, mais c'est
toi qui comptes.

Tu as triché ! Tu n'as pas
compté jusqu'à 100 !

Oh non, c'est toujours
moi qui commence !

 page 161

Conjugaison • L'imparfait du verbe *avoir*

1. Écris un pronom de conjugaison qui convient.

______ avions	______ avaient	______ avait
______ aviez	______ avais	______ avais

→ Mémo, p. 31

2. Relie comme il convient.

1re personne du singulier •	• avait
2e personne du singulier •	• avais
3e personne du singulier •	• avaient
1re personne du pluriel •	• aviez
2e personne du pluriel •	• avions
3e personne du pluriel •	

3. Complète les phrases avec le verbe avoir à l'imparfait.

Quand j'étais petit, j' ______ un chaton. Il était blanc et il ______ des taches noires. Elles ______ de drôles de formes. Nous l'aimions beaucoup et nous ______ plaisir à le caresser.

4. Souligne le verbe avoir dans les phrases et coche le temps auquel il est conjugué.

	Présent	Futur	Imparfait
Elle avait huit ans depuis deux jours.			
Aurez-vous le temps de venir ?			
Chaque samedi, mes parents avaient des courses à faire.			
Il n'a plus de livres à lire.			

5. Écris le verbe avoir au temps qui convient : *présent, futur* ou *imparfait*.

Autrefois, les hommes s'abritaient dans des grottes car ils ______ peur des lions et des ours.

De nos jours, les hommes ______ plus de chances car ils vivent dans des maisons.

Peut-être qu'un jour l'homme habitera dans l'espace et ______ des fusées pour se déplacer.

L'ATELIER des mots • Construction avec un mot de base modifié (2) *page 161*

1. Complète les phrases du mémo avec les mots suivants.

famille • prononce • écrit

Dans certains mots d'une même ______________, le mot de base est ______________ en entier mais il ne se ______________ pas pareil.

→ Mémo, p. 41

2. Colorie de la même couleur les mots qui font partie d'une même famille.

un poison	un berger	savonner
une bergère	une poissonnerie	une bergerie
un poisson	un parfum	un empoisonneur
une parfumerie	une savonnette	un poissonnier
un savon	empoisonner	parfumer

3. Écris le mot de base.

- dangereux → ______________
- une cotonnade → ______________
- un dessinateur → ______________
- piétonnier → ______________
- un sélectionneur → ______________
- un pêcheur → ______________

4. Forme un mot de la même famille que le mot de base. Utilise le suffixe -eur, -ier ou -ette.

- une poche → ______________
- un conte → ______________
- une collection → ______________
- un citron → ______________

5. Complète le mot dans chaque phrase.

- Cet arbre s'appelle un marronn______ .
- Thomas n'est pas un garçon peur______ .
- J'aime beaucoup les exploits de ce patin______ .
- Il faut se faire vaccin______ contre la grippe.

Compréhension • Partie 3

1. Numérote les étapes de la fabrication des meubles dans l'ordre.

n° ____ Les troncs sont sciés en grandes planches.

n° ____ Le bûcheron coupe les troncs et les branches à la tronçonneuse.

n° ____ Le menuisier coupe les planches au bon format pour fabriquer les meubles.

n° 1 Le forestier choisit les arbres à abattre.

n° ____ Le bois est séché.

n° ____ Un camion transporte les troncs à la scierie.

2. Coche comme il convient.

	Bon pour la planète	Mauvais pour la planète
Les forêts purifient l'eau et l'air.		
La Chine a replanté des milliards d'arbres.		
La biodiversité est moins riche dans les forêts plantées par les hommes.		
Quand une forêt disparaît, les animaux qui y vivaient n'ont plus d'habitat.		

3. Observe cette illustration et explique ce que tu ne dois pas faire en forêt.

Je ne dois pas ____

Écriture

Pema, Quim, Rigzin et Sonam vivent au Tibet.

Orthographe • La lettre *g* (1)

page 162

1. Complète les cases bleues du tableau.

son [g]	son [ʒ]	son [ɲ]	lettre muette
lettre ___ une ___omme	**lettre** ___ un ___ilet	**lettres** ___ ___ un champi______on	**lettre** ___ lon___

→ Mémo, p. 13

2. Classe les mots suivants dans le tableau ci-dessus.

un poing • sage • il glisse • la campagne
longtemps • magique • une cigale • un chignon

3. Complète les mots avec la lettre g ou le groupe de lettres gn.

- Le jeune mouton s'appelle l'a___eau.
- Élisa a huit bou___ies sur son ___âteau.
- Kamel est champion de ___ymnastique.
- Nous avons tracé des li___es droites sur le cahier de ___éométrie.

4. Entoure la lettre g : – en bleu quand elle produit le son [g],
– en jaune quand elle produit le son [ʒ],
– en vert quand elle produit le son [ɲ] avec la lettre n,
– en rouge quand on ne l'entend pas.

Jeudi, Grégoire et moi sommes allés au zoo. Nous avons vu des girafes et des chimpanzés. Un soigneur nourrissait un bébé tigre très mignon. Le petit chenapan mangeait goulûment. Soudain, mon sang s'est glacé quand j'ai aperçu la grande tigresse qui s'était glissée juste derrière l'homme.

Écriture

Après un long hiver, la graine de la châtaigne germe.

Grammaire • Les marques du dialogue (2)

page 162

1. Complète les phrases du mémo avec les mots suivants.

guillemets • **dire** • parler • dialogue

Quand on fait ______________ des personnages dans un ______________, on peut :
– utiliser le verbe ______________ ou un de ses synonymes ;
– ouvrir les ______________ devant le premier mot prononcé et les fermer après le dernier mot prononcé.

→ Mémo, p. 23

2. Réécris ce dialogue avec tirets en un dialogue avec guillemets.

– Qui veut un yaourt ? demande maman.
– Moi, j'en veux un à la fraise, répond Melba.
– Il n'y en a plus. En veux-tu un à la vanille ? propose sa mère.
– Non, je vais plutôt prendre du fromage, déclare la fillette.

____

____

____

____

3. Place des guillemets aux endroits qui conviennent.

Maman dit : Sam, je ne veux pas que tu grimpes sur le cerisier. Son fils, étonné, la regarde et lui demande : Oh ! Maman, mais pourquoi ? Sa mère répond : C'est trop dangereux. Sam bougonne : Léo a le droit de monter aux arbres, lui ! Madame Kléber se tourne alors vers Sam, le regarde droit dans les yeux et lui explique : Léo a 15 ans et toi, tu en as 7 ! Cette fois, Sam se tait. Il a compris qu'il ne sert à rien d'insister.

4. Entoure le synonyme du verbe dire qui convient.

« Je peux avoir du chocolat ? » (répond / demande) Sélim. Son père lui (répond / ajoute) : « Non, ce n'est pas l'heure du goûter. » Puis il (pleure / ajoute) : « Si tu as vraiment faim, tu peux manger une pomme. » Mais son fils (s'écrie / demande) : « Tu n'es pas gentil ! Je vais voir mamie ! » Monsieur Souali lui (chante / propose) alors : « Allons plutôt faire une partie de foot. »

Conjugaison • L'imparfait du verbe être

page 163

1. Écris un pronom de conjugaison qui convient.

.... étaient	.... étais	.... étiez
.... était	.... étais	.... étions

→ Mémo, p. 31

2. Relie comme il convient.

1re personne du singulier •	• étais
2e personne du singulier •	• étions
3e personne du singulier •	• étaient
1re personne du pluriel •	• étiez
2e personne du pluriel •	• était
3e personne du pluriel •	

3. Complète les phrases avec le verbe être à l'imparfait.

- Juju et Nico restaient toujours ensemble car ils .... jumeaux.
- Nous les confondions souvent quand nous .... obligés de les appeler.
- Moi, j'avais un truc pour les reconnaître et j'............ sûr de ne pas me tromper.
- Nico faisait toujours des bêtises et Juju .... sage comme une image.

4. Souligne le verbe être dans les phrases et coche le temps auquel il est conjugué.

	Présent	Futur	Imparfait
Nous sommes en hiver.			
Étaient-elles déjà au travail ?			
Un jour, tu seras peut-être obligé d'appeler la police.			

5. Écris le verbe être au temps qui convient : *présent, futur* ou *imparfait*.

Quand il aura 20 ans, Max .... jardinier. Il dit cela aujourd'hui car il .... fou de plantes et de fleurs.

Mais quand il était plus jeune, il .... sûr de devenir pompier.

Et toi, quel métier feras-tu ? ....-tu jardinier, pompier ou autre chose ?

1. Complète les phrases du mémo avec les mots suivants.

entier • famille • écrit • prononce

Dans certains mots d'une même ______________, le mot de base n'est pas ______________ en ______________ et il ne se ______________ pas de la même façon.

ressemblent • famille • idée

Les mots d'une même ______________ se ______________ toujours un peu et ils renvoient à une même ______________ .

→ Mémo, p. 41

2. Colorie de la même couleur les mots qui font partie d'une même famille.

la chaufferie	la chaudière	vivant	lumineux
allumer	invivable	chaud	illuminé
il a vécu	la chaleur	la lumière	la vie

3. Complète chaque phrase avec un mot de la même famille que le mot de base.

- un bain → La ______________ est interdite dans ce lac.
- une couleur → Ma petite sœur adore faire des ______________ magiques.
- méchant → Il lui a répondu ______________ .
- le soleil → Il y a un panneau ______________ sur le toit de la maison.

4. Écris le mot de base. Ce sont tous des noms.

- solaire → ______________
- printanier → ______________
- joyeux → ______________
- salé → ______________
- spatial → ______________

Compréhension • Épisode 1

pages 166-168

1. Coche la bonne réponse.

• Qui est Plume-Rouge ?

☐ Un jeune Indien crow. ☐ Une jeune Indienne lakota. ☐ Un jeune Indien lakota.

• À quoi Plume-Rouge et sa tribu participent-ils ?

☐ À la danse du Soleil. ☐ Au rassemblement de printemps. ☐ À une partie de crosse.

• Quand Plume-Rouge s'aperçoit qu'il est dans le campement crow, que fait-il ?

☐ Il fait demi-tour. ☐ Il reste car il sait qu'il n'a rien à craindre. ☐ Il se met à pleurer.

• Qui propose une partie de crosse à Plume-Rouge ?

☐ Loup-Renard. ☐ Une Indienne crow. ☐ Tonnerre-Grondant.

2. Réponds aux questions.

• Quelle épreuve le grand frère de Plume-Rouge va-t-il subir ?

____

• Que font les tribus ennemies pendant la trêve ?

____

• Pourquoi Plume-Rouge redresse-t-il fièrement la tête ?

____

3. Complète le texte avec les mots de la liste.

corde • aigle • concours • cage • morceaux • guerriers • loup

Dans une ______________ d'osier, Plume-Rouge voit un ______________ qu'une vieille femme nourrit avec des ______________ de viande. Plus loin, il découvre un ______________ tenu au bout d'une ______________, un ______________ de tir à l'arc et une épreuve de force entre ______________ .

Écriture

Les enfants du monde

Un jour, en Uruguay, Usoa a rencontré Ubaldo.

Orthographe • La lettre *g* (2)

page 180

1. Complète les cases bleues du tableau.

son [ʒ] devant les voyelles e, i et y	son [g] devant les voyelles e, i et y
lettre ___ étran___e	**lettres** ___ ___ la ___erre
___ ___ ___ ___	___ ___ ___ ___

→ Mémo, p. 14

2. Classe les mots suivants dans le tableau ci-dessus. Attention aux intrus !

sage • la fatigue • une page • du sang • une angine • une guenon
une anguille • il navigue • un rang • un Égyptien

3. Entoure le mot correctement orthographié.

- une girafe / une guirafe
- un pigon / un pigeon
- une bagette / une baguette
- nous mangons / nous mangeons
- une angine / une anguine
- un garçon / un guarçon
- une gitare / une guitare
- un gorille / un guorille

4. Complète les mots avec la lettre g ou avec les groupes de lettres ge ou gu.

- L'attaquant tire dans la ca___e, mais le ___ardien arrête le ballon.
- Mon cousin joue dans les va___es.
- Ma sœur a attrapé la rou___ole.
- Théo ___omme une partie de son dessin.
- ___illaume a été piqué par une ___êpe.
- Ce dimanche, les villa___ois font la fête.

Écriture

Il se déguise en guerrier et met du rouge sur sa figure.

Grammaire • L'adverbe

page 180

1. Complète les phrases du mémo avec les mots suivants.

précise • se termine • verbe • action

Un adverbe est un mot qui se place parfois après le ______________ .
Il ______________ comment se déroule l' ______________ .
Il ______________ souvent par -ment.

→ Mémo, p. 24

2. Entoure l'adverbe présent dans chaque phrase.

Nawel joue tranquillement dans la cour. Elle parle calmement avec Sarah.
Le maître siffle bruyamment. Nous rentrons silencieusement en classe.

3. Utilise l'adjectif souligné pour écrire l'adverbe.

- Il est <u>propre</u>. → Il mange ______________ .
- Il est <u>dur</u>. → Il parle ______________ .
- Il a <u>chaud</u>. → Il s'habille ______________ .
- Il est <u>sage</u>. → Il joue ______________ .

4. Complète chaque phrase avec l'adverbe qui convient.

jamais • vite • beaucoup • très

- Ce camion roule vraiment trop ______________ .
- Cette paresseuse se lève ______________ tard.
- Il pleut ______________ au printemps.
- Il n'écrit ______________ à sa grand-mère.

5. Remplace l'adverbe de chaque phrase par son contraire.

- Elle veut plus de salade. → ______________
- Elle est rentrée tard. → ______________
- Elle mange beaucoup de chocolat. → ______________
- Elle préfère dîner là-bas. → ______________

page 181

1. Complète les phrases du mémo avec les mots suivants.

sens • futur • imparfait • présent

Quand on change le temps d'une phrase, on change son ______________ .

Les Indiens chantent et dansent. → ______________

Les Indiens chanteront et danseront. → ______________

Les Indiens chantaient et dansaient. → ______________

→ Mémo, p. 32

2. Indique le temps du verbe : *imparfait, présent* ou *futur*.

- il montera (______________)
- je visitais (______________)
- elles voyagent (______________)
- vous arriviez (______________)
- nous sommes (______________)
- elle aura (______________)

3. Transforme les verbes au temps indiqué.

- on parle → **futur :** ______________ → **imparfait :** ______________
- elles passaient → **présent :** ______________ → **futur :** ______________
- j'aimerai → **présent :** ______________ → **imparfait :** ______________
- tu visitais → **futur :** ______________ → **présent :** ______________

4. Entoure le verbe, écris son infinitif et coche le temps employé.

- Le matin, on déjeunait de bonne heure.

→ **infinitif :** ______________ ☐ imparfait ☐ présent ☐ futur

- Avec mes parents, nous allons dans le Sud.

→ **infinitif :** ______________ ☐ imparfait ☐ présent ☐ futur

- Vers midi, ils seront en train de pique-niquer.

→ **infinitif :** ______________ ☐ imparfait ☐ présent ☐ futur

- Tu avais très soif tout à l'heure.

→ **infinitif :** ______________ ☐ imparfait ☐ présent ☐ futur

Vocabulaire • L'ordre alphabétique (4)

page 181

1. Complète les phrases du mémo avec les mots suivants.

page • dictionnaire • repères • initiale • mot

Pour chercher des mots dans un ______________, il faut :

1. Aller à la page correspondant à l' ______________ du mot recherché.
2. Regarder les mots ______________ en haut de chaque double page.
3. Identifier les deux mots repères entre lesquels se trouve le ________ recherché.
4. Chercher le mot dans la double ______________ .

→ Mémo, p. 42

2. Les mots en gras sont-ils rangés entre les mots repères qui conviennent ? Coche la bonne réponse.

- entre • **rentrer** • épais ☐ oui ☐ non
- paroi • **partout** • passant ☐ oui ☐ non
- sourire • **souvent** • spirale ☐ oui ☐ non
- tournant • **toujours** • traîner ☐ oui ☐ non
- encourager • **encore** • enflammer ☐ oui ☐ non

3. Relie comme il convient.

Mots à chercher	Mots repères
debout •	• dans • déborder
dauphin •	• déboucher • décollage
demain •	• décoller • défendre
dégonfler •	• défense • déjeuner
décorer •	• délabré • demi

4. Cherche, dans le dictionnaire, le mot qui suit chaque mot proposé.

- avion → ______________
- éléphant → ______________
- caravane → ______________
- fusée → ______________

5. Entoure le mot orthographié correctement en cherchant dans le dictionnaire.

- marionette • marrionette • marionnette
- souait • souhait • souhet
- mamèle • mammelle • mamelle
- lycée • lyssé • lycet

Compréhension • Épisode 2

pages 169-171

1. Précise le lieu où se déroulent les différentes scènes.

dans le camp lakota • dans la grande prairie • dans le grand tipi de Luciole

- Luciole se met debout sur son poney ______________________.
- Plume-Rouge découvre les objets brodés ______________________.
- Les deux enfants font la course ______________________.
- Plume-Rouge décore les flancs de son poney ______________________.

2. Vrai ou faux ? Coche la bonne réponse.

	Vrai	Faux
Loup-Renard fait gagner son équipe en marquant le dernier but.		
Le jeune Indien crow s'éloigne alors qu'un orage éclate dans le ciel.		
Plume-Rouge est invité par son amie à revenir la voir.		
Les femmes crows brodent moins bien que la mère de Plume-Rouge.		
Dans la prairie, le jeune cavalier se met debout sur son poney.		

3. Réponds aux questions.

- Quel garçon Luciole félicite-t-elle après la partie de crosse ?

____

- Quel objet Luciole a-t-elle brodé elle-même ?

____

- Soudain, qui surgit et encercle les deux amis ?

____

4. Écris la définition en mettant les mots dans l'ordre.

du Nord. | des peuples | indiens | d'Amérique | Tente

- **un tipi :** ______________________

Écriture

Les enfants du monde

Voici le Viêtnam où vivent Vinh et Vuong.

Orthographe • La lettre *l*

page 182

1. Complète les cases bleues du tableau.

sons [i] + [l]		son [j]	
lettres ___	**lettres** ___	**lettres** ___	**lettres** ___
un f ___ et	la v ___ e	le sole ___	la pa ___ e
___	___	___	___
___	___	___	___

➞ Mémo, p. 14

2. Classe les mots suivants dans le tableau ci-dessus. Attention aux intrus !

un village • brillant • avril • mon fils • le sommeil
il cueille • un film • un outil • une illustration • un orteil

3. Entoure le groupe de lettres ill : – en bleu quand il produit les sons [i] + [l],
– en jaune quand il produit le son [j].

- Les mille-pattes ne sortent que la nuit.
- De belles citrouilles poussent dans le jardin.
- Mon copain s'est fait piquer par une abeille.
- *Plume-Rouge* est illustré par Marcelino Truong.
- J'ai un billet de 10 euros dans mon porte-monnaie.

4. Mets les lettres dans l'ordre pour écrire le mot qui correspond au dessin.

TMUOLBOIEA	LGUCILEAQO	EEGILLNORU	BEEILLOTU
une ___	un ___	une ___	une ___

Écriture

Le vieil homme enfile des coquillages sur des colliers.

Grammaire • Le complément du verbe

1. Complète les phrases du mémo avec les mots suivants.

après • verbe • complément

Un groupe nominal peut compléter le ______________ .

Ce groupe nominal est un ______________ .

Il est très souvent placé ______________ le verbe.

→ Mémo, p. 24

2. Relie chaque début de phrase au complément du verbe qui convient.

Le menuisier assemble •	• un billet.
Le maçon construit •	• des planches.
Ce marchand propose •	• une maison.
Le client donne •	• des légumes bio.

3. Souligne le complément dans chaque phrase.

- Les enfants préparent un gâteau.
- Hortense verse la farine.
- Louis ajoute du sel fin.
- Ensemble, ils lisent la recette.
- Léonie casse trois gros œufs.
- Leur papa remplit le moule.

4. Complète le texte avec le complément du verbe qui convient.

le gâteau • ses cadeaux • une chanson • maman • un bon repas

Papa et les enfants attendent ______________ . C'est son anniversaire. Papa a cuisiné ______________ . Les enfants découpent ______________ . Tous chantent ______________ . Maman ouvre ______________ : un dessin, un livre et du parfum.

5. Recopie le complément du verbe qui convient.

- Léa vide ______________ . (de sa maison / son verre)
- Antoine taille ______________ . (ses crayons / à ma cousine)
- La forêt entoure ______________ . (avec une route / le village)
- Un clou a crevé ______________ . (dans le garage / mon pneu)

Conjugaison • Le passé composé des verbes en -er (1)

page 183

1. Complète la conjugaison du verbe jouer au passé composé.

j'ai ______	nous ______ ______
tu ______ ______	vous ______ ______
il/elle/on ______ ______	ils/elles ______ ______

→ Mémo, p. 32

2. Relie comme il convient.

Nous •	
Le garçon •	• avez crié.
Vous •	• ai hurlé.
Elle •	• as murmuré.
J' •	• avons chuchoté.
Tu •	• a parlé.
Ils •	• ont discuté.
Les filles •	

3. Transforme les phrases au présent.

- On a invité les voisins. → ______
- Ils ont emmené leurs filles. → ______
- Elles ont joué avec moi. → ______
- J'ai adoré cette soirée. → ______

4. Transforme les phrases au passé composé.

- Elle préférait les gâteaux. → ______
- Ils adoraient les crêpes. → ______
- Tu aimais les croissants. → ______
- Nous détestions les cornichons. → ______

5. Entoure les verbes à l'imparfait en bleu et ceux au passé composé en vert.

Un jour, j'étais malade. J'avais de la température. Mon nez coulait. Mes parents ont appelé le docteur. Il a écouté ma respiration. Il a expliqué : « Tu as attrapé un gros rhume. » Mes parents étaient rassurés. J'ai passé trois jours à la maison.

L'ATELIER des mots • Connaître et appliquer les règles de construction (1)

page 183

1. Trouve le mot qui veut dire le contraire.

- capable → ____________________
- coiffé → ____________________
- débloquer → ____________________
- invisible → ____________________

2. Trouve le mot qui veut dire « d'une certaine manière ».

- calme → ____________________
- rapide → ____________________
- sûr → ____________________
- seul → ____________________
- doux → ____________________
- méchant → ____________________

3. Trouve le mot de base.

- un merleau → ____________________
- un serrurier → ____________________
- une miette → ____________________
- la féerie → ____________________
- un conteur → ____________________
- une lectrice → ____________________

4. Complète les phrases avec un mot de la même famille que le mot souligné.

- Ce ____________ donne de belles <u>pommes</u> rouges !
- Le ____________ est le petit de la <u>louve</u>.
- Thomas remue la <u>salade</u> dans le ____________ .
- La <u>chatte</u> protège ses ____________ .
- Mon papa utilise son ____________ pour se <u>raser</u>.

5. Complète les phrases.

- Si une petite fille est une ____________________,
une petite Schtroumpf est une ____________________.
- Si le contraire de « faire », c'est ____________________,
le contraire de « schtroumpfer », c'est ____________________.
- Si un homme qui chante est un ____________________,
un homme qui schtroumpfe est un ____________________.

Compréhension • Épisode 3

pages 172-173

1. Réponds aux questions en utilisant les mots de la liste.

Luciole • le chaman • des guerriers lakotas • des guerriers crows

- Qui fait cabrer son cheval ? ______________________
- Qui fait asseoir l'accusé et tous les guerriers en cercle ? ______________________
- Qui arrive en brandissant des tomahawks ? ______________________
- Qui bondit hors de la tente et se place entre les deux groupes ? ______________________

2. Coche le résumé de l'épisode 3 qui convient le mieux.

☐ Plume-Rouge est accusé par Loup-Renard d'avoir volé le sac-médecine de la tribu crow. Le grand chaman invite tout le monde au calme, mais il découvre le sac-médecine dans la tente de Loup-Renard. Plume-Rouge n'en veut pas à Loup-Renard de l'avoir accusé et préfère que tous participent à une grande partie de crosse. Finalement, Luciole offre à son ami la belle ceinture brodée.

☐ Alors que Luciole et Plume-Rouge font du poney dans la forêt, Loup-Renard surgit et accuse le jeune Lakota de vol. Il le ramène au camp et certains guerriers commencent à le menacer. Heureusement, le grand chaman intervient et calme la situation. Après une grande partie de crosse entre les deux tribus, Loup-Renard est pardonné, et Luciole offre une belle ceinture à Plume-Rouge.

3. Imagine ce que dit Luciole à Plume-Rouge en lui passant la ceinture brodée autour de la taille.

____

____

____

____

Écriture

Les enfants du monde

Waeva et William habitent Wallis, une île polynésienne.

Orthographe • Les mots qui se terminent par *il* ou *ille*

1. Complète les cases bleues du tableau.

son [j]		
à la fin des noms masculins	*à la fin des noms féminins*	*à la fin des verbes*
lettres ___	**lettres** _____	**lettres** _____
un appare____	une feu____	elle trava____
____	____	____
____	____	____

→ Mémo, p. 14

2. Classe les mots suivants dans le tableau ci-dessus. Attention aux intrus !

une nouille • on bâille • le rail • un fusil
ça brille • un fauteuil • un fil • une corbeille

3. Complète les mots avec les groupes de lettres de la liste.

ail ou aille • eil ou eille • euil ou euille • ouil ou ouille

il se rév____	un écur____	un épouvant____
du fen____	une bat____	une gren____
le somm____	il me chat____	il f____

4. Mets les lettres dans l'ordre pour écrire le mot qui correspond au dessin.

EEEFILLOPRTU
un ____

AILOPRT
un ____

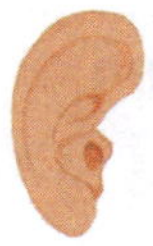
EEILLOR
une ____

ABDÉEHILLS
il se ____

Écriture

Au réveil, il travaille, puis il bâille : il a sommeil.

Grammaire • Des mots pour dire *quand, où*...

page 184

1. Complète les phrases du mémo avec les mots suivants.

où ? • quand ? • phrase • informations • comment ?

Certains groupes de mots complètent la phrase en ajoutant des ______________ :
– sur le temps (______________)
– sur le lieu (______________)
– sur la manière (______________)
Ces compléments peuvent être au début ou à la fin de la ______________ .

→ Mémo, p. 24

2. Complète chaque phrase avec un complément qui répond à la question entre parenthèses. N'oublie pas la majuscule quand elle est nécessaire.

en ronchonnant • le samedi • au judo

- Chaque lundi, Romain va ______________ . (où ?)
- ______________, nous avons fait les courses. (quand ?)
- Marie marche ______________ . (comment ?)

3. Souligne les compléments qui donnent des informations sur le temps, le lieu ou la manière.

- Maman est sortie dans le jardin.
- À midi, papa fait la vaisselle.
- Leïla passe l'aspirateur dans le salon.
- Fouad repasse en chantant.

4. Entoure les compléments qui donnent des informations sur le temps, le lieu ou la manière.

- Paco boit (du jus d'orange / après le repas).
- Lucie récite (en articulant / un poème).
- Luis efface (avec une éponge / une opération).
- Raphaël pêche (un poisson / dans le lac).

5. Souligne : – les compléments de lieu en bleu,
– les compléments de temps en jaune,
– les compléments de manière en vert.

Les Lakotas vivent dans des tipis. Les hommes chassent pendant la journée. Les femmes restent au camp. Elles travaillent avec patience. Les enfants jouent tout le temps. Ils grandissent très librement.

 page 185

1. Complète la conjugaison du verbe avoir au passé composé.

j'ai ____________	nous ________ ____________
tu ________ ____________	vous ________ ____________
il/elle/on ________ ____________	ils/elles ________ ____________

→ Mémo, p. 32

2. Souligne le verbe avoir au passé composé dans ces phrases.

- J'ai eu vingt en maths.
- On a eu peur d'être grondés.
- Elle a passé la récréation au piquet.
- Nous avons eu froid.
- Les enfants ont eu une récompense.
- Il a récité sa poésie.

3. Transforme les phrases au passé composé.

- Elles ont un beau cadeau. → ____________
- Tu avais 8 ans. → ____________
- Il aura un accident. → ____________

4. Complète chaque phrase avec le sujet qui convient.

La maîtresse • J' • Nos amis • Tu

- ____________ ont eu très mal.
- ____________ a eu très soif.
- ____________ as eu très peur.
- ____________ ai eu très faim.

5. Transforme les phrases en phrases négatives, comme dans l'exemple.

Exemple : Elle a eu <u>des</u> vacances. → Elle n'a pas eu <u>de</u> vacances.

- Ils ont eu des glaces. → ____________
- Tu as eu du chocolat. → ____________
- J'ai eu une brioche. → ____________

6. Transforme les phrases en phrases interrogatives, comme dans l'exemple.

Exemple : Ils ont eu de la fièvre. → Ont-ils eu de la fièvre ?

- Tu as eu des cadeaux. → ____________
- Elles ont eu de la visite. → ____________
- Vous avez eu de la chance. → ____________

L'ATELIER des mots • Connaître et appliquer les règles de construction (2)

page 185

1. Barre le mot qui ne fait pas partie de la même famille dans chaque série.

- poli • la politesse • poilu • poliment • impoli
- coiffer • décoiffer • une coiffure • un coffre • recoiffer
- construire • une construction • reconstruire • conduire
- le courage • une courge • encourager • courageusement • décourager

2. Parmi les mots de l'exercice 1, trouve et écris :

- deux mots avec un préfixe qui veut dire « le contraire de » :

_______________ _______________

- deux mots qui veulent dire « d'une certaine manière » :

_______________ _______________

- deux mots qui veulent dire que l'on fait l'action une deuxième fois :

_______________ _______________

3. Dans chaque paire de mots, entoure le mot qui est construit à partir d'un mot de base et d'un préfixe.

- renifler • rebrancher
- décoiffer • déguiser
- incertain • indien
- décider • dérégler

4. Dans chaque paire de mots, entoure le mot qui est construit à partir d'un mot de base et d'un suffixe.

- une boulette • une chouette
- une erreur • un nageur
- un dentier • un cahier
- une fillette • une alouette

5. Complète la grille de mots fléchés.

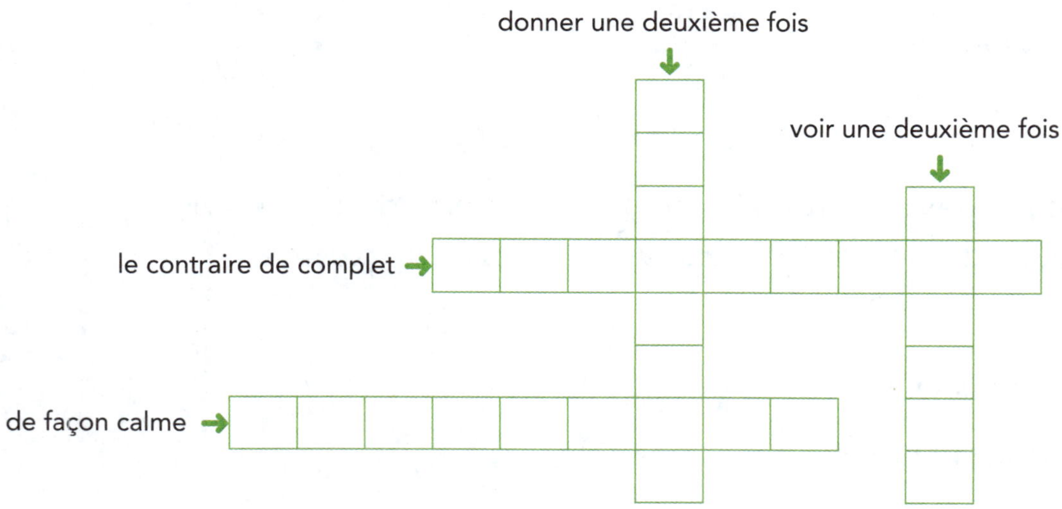

Compréhension • Partie 1

pages 188-189

1. Souligne les phrases qui concernent les Pueblos en bleu et celles qui concernent les Apaches en vert.

- Ce sont des agriculteurs.
- Ils se nourrissent de fruits sauvages.
- Leurs maisons sont en briques de terre.
- Ils font de la vannerie.
- Ils changent de campement régulièrement.
- Ils élèvent des dindons pour la viande.

2. Réponds aux questions.

- À quoi servent les poteries fabriquées par les Pueblos ?

____

- Pourquoi les Apaches changent-ils de campement ?

____

- Dans la tribu des Apaches, qui est chargé de la construction des *wickiups* ?

____

3. Vrai ou faux ? Coche la bonne réponse.

	Vrai	Faux
Les Indiens pueblos sont des cultivateurs et des artisans.		
Les Apaches élèvent des antilopes et des cerfs.		
Les Apaches vivent en petits groupes.		
Les *katchinas* offrent des poupées aux enfants pueblos.		
Les *wickiups* des Apaches ressemblent à des tipis.		

4. Complète la phrase avec les mots de la liste.

posés • huttes • peaux • branchages • séchée

Les *wickiups* sont des ______________ composées de ______________ sur lesquels sont ______________ des feuillages, de l'herbe ______________ ou des ______________ de bêtes.

Écriture

Les enfants du monde

À Xérès, ville espagnole, vivent Xénia et Xavier.

Orthographe • Les lettres finales muettes

page 200

1. Complète les cases bleues du tableau.

lettres finales muettes		
la lettre ___ une poteri___	**une lettre qu'on trouve dans un mot de la même famille** un cam___	**une lettre qu'on trouve en mettant le mot au féminin** un marchan___
___ ___ ___ ___	___ ___ ___ ___	___ ___ ___ ___

→ Mémo, p. 15

2. Classe les mots suivants dans le tableau ci-dessus.

la vannerie • épais • du sang • rond • la mairie • lent
un friand • joyeux • un téléphone • une poupée • un outil • un champ

3. Complète les mots de la même famille pour retrouver la lettre muette qui a été effacée. Observe l'exemple.

Exemple : un cha✱ → un chaton → un chat

- un ran✱ → Il ran________ . → un ran___
- un Fran✱ → la Fran________ → un Fran___
- un retar✱ → Il retar________ . → un retar___
- un bra✱ → Il m'embra________ . → un br___
- du plom✱ → un plom________ → du plom___

4. Écris la lettre finale muette qui manque : l, p, d, t, x ou g.

- Les Indiens vivaient heureu___ .
- C'est trop lon___.
- Le dra___ du lit est sale.
- Je suis arrivé secon___.
- Papi est très genti___.
- C'est vraiment urgen___.

Écriture

Dans le camp, il n'y a pas de long poignard tranchant.

1. Complète les phrases du mémo avec les mots suivants.

masculins • noms • pluriels

les • son • ta • ces • une • mes • un

Les déterminants sont des petits mots qui accompagnent les ______________ .
Ils sont ______________ ou féminins, singuliers ou ______________ .
Des déterminants :
– masculins singuliers : **le** – ________ – **mon** – **ton** – ________ – **ce**
– féminins singuliers : **la** – ________ – **ma** – ________ – **sa** – **cette**
– masculins ou féminins pluriels : ________ – **des** – ________ – **tes** – **ses** – ________

➜ Mémo, p. 25

2. Transforme les noms au pluriel ou au singulier.

- ma chaussure ➜ ______________
- ces cahiers ➜ ______________
- ton vélo ➜ ______________
- ses fourchettes ➜ ______________

3. Transforme les noms au féminin ou au masculin.

- un copain ➜ ______________
- la voisine ➜ ______________
- ton frère ➜ ______________
- sa maîtresse ➜ ______________

4. Entoure les déterminants dans ce texte.

Ce matin, tout le monde se lève très tôt. C'est les vacances. Elsa a rangé ses affaires dans un sac. Son père vérifie une dernière fois que la voiture est bien chargée et demande : « Elsa, tu as ton livre ? » Pour une fois, elle n'a rien oublié.

5. Choisis un déterminant qui convient. N'oublie pas la majuscule quand elle est nécessaire !

le • la • les • ma • mon • sa • ses • leurs • une

Pour ________ fête de fin d'année, ________ enfants ont préparé ________ danse.
Ils enfilent ________ costumes. Mais, soudain, Louise s'écrie :
– ________ cape est déchirée !
– Ne t'inquiète pas, répond sa maman, j'ai ________ matériel pour coudre.
Ouf, Louise pourra reprendre ________ place au milieu de ________ camarades !

Conjugaison • Le passé composé du verbe être

page 201

1. Complète la conjugaison du verbe être au passé composé.

j'ai ________	nous ________ ________
tu ________ ________	vous ________ ________
il/elle/on ________ ________	ils/elles ________ ________

→ Mémo, p. 33

2. Souligne le verbe être conjugué au passé composé.

- On était dans la classe.
- Les enfants ont été malades.
- Vous étiez mauvais perdant.
- Nous avons été très polissons.
- Tu as été en retard.
- Le maître a été très en colère.

3. Transforme les phrases au passé composé.

- Elle était terrorisée. → ________________
- Nous serons heureux. → ________________
- Tu es sage. → ________________

4. Complète les phrases avec le verbe être ou le verbe avoir au passé composé.

- Ma grande sœur ________________ un bébé la semaine dernière.
- Maman ________________ très heureuse d'avoir une petite fille.
- Moi, j'________________ la chance de tenir le bébé dans les bras.
- Petit bébé, ta naissance ________________ une joie pour tout le monde.

5. Complète chaque phrase avec le sujet qui convient.

Mon frère • Ma sœur • Mes frères • Mes sœurs

- ________________ ont été étonnés.
- ________________ a été peureuse.
- ________________ a été effrayé.
- ________________ ont été surprises.

6. Transforme les phrases en phrases négatives et en phrases interrogatives, comme dans l'exemple.

Exemple : Il a été puni. → Il n'a pas été puni. → A-t-il été puni ?

- Elle a été sauvée. → ________________ → ________________
- Ils ont été rassemblés. → ________________ → ________________

page 201

1. Complète les phrases du mémo avec les mots suivants.

métiers • catégorie • antilope • soupe

On regroupe souvent les mots par ______________ .
– La catégorie des animaux regroupe les mots dindon, cerf, ______________…
– Celle des ______________ regroupe les mots boulanger, boucher, agriculteur…
– Celle de la nourriture regroupe les mots pomme, frite, ______________…

→ Mémo, p. 42

2. Classe les mots suivants dans le tableau.

un marteau • une armoire • une voiture • du sable • un chapeau • un car
un tournevis • une table • une moto • une barrière • des pinces • une chaise

Les meubles	Les outils	Les véhicules	autres

3. Relie chaque série de noms à la catégorie qui convient.

de la limonade • de l'eau • du sirop • du thé •	• la viande
un flan • du gruyère • du camembert • un yaourt •	• les produits laitiers
un rôti • un bifteck • un poulet • une saucisse •	• les fruits
un melon • une noix • une cerise • une figue •	• les boissons

4. Dans chaque série, barre le nom qui ne fait pas partie de la même catégorie.

- le rugby • le tennis • le ballon • le football • le basket
- un poirier • un pommier • un bananier • un panier • un prunier
- une rame • un canoë • un voilier • un paquebot • une barque

5. Écris le nom de la catégorie qui correspond à chaque série de noms.

- une veste • un pantalon • une chemise • des chaussettes → ______________
- un médecin • un pompier • un cuisinier • un professeur → ______________
- un piano • un violon • une trompette • un accordéon → ______________

Compréhension • Partie 2

pages 190-191

1. Coche la bonne réponse.

• Avant les chevaux, quels animaux étaient utilisés pour porter les bagages ?

☐ Des bisons. ☐ Des cerfs. ☐ Des chiens.

• Pourquoi chaque jeune Sioux devait-il quitter le camp plusieurs jours ?

☐ Pour trouver une épouse. ☐ Pour trouver son totem. ☐ Pour trouver un cheval.

2. Complète les phrases avec les mots de la liste.

armes • peau • chauffer • huile • os

• Les Sioux confectionnent des vêtements avec la ________________ du bison.

• Avec la graisse, ils produisent de l'________________ ou du savon.

• Ils fabriquent des ________________ et des outils avec des ________________ .

• Enfin, ils utilisent les bouses pour se ________________ .

3. Réponds aux questions.

• Avec quels matériaux les Sioux construisent-ils les tipis ?

____

• Dans quel but les Sioux ont-ils d'abord capturé les chevaux ?

____

4. Retrouve quatre groupes nominaux du documentaire et écris-les.

les plaines • excellents • démontables • gigantesques

les cavaliers • grandes • les troupeaux • les tentes

• ________________ ________________ • ________________ ________________

• ________________ ________________ • ________________ ________________

Écriture

Y a-t-il, au Yémen, des filles qui s'appellent Yara ?

Orthographe • La lettre x

page 202

1. Complète les cases bleues du tableau.

sons [ks]	sons [gz]	son [s]	son [z]	lettre muette
lettre ___ il fi___e	lettre ___ il e___iste	lettre ___ di___	lettre ___ di___ième	lettre ___ des chevau___
___ ___	___ ___	___ ___	___ ___	___ ___

→ Mémo, p. 15

2. Classe les mots suivants dans le tableau ci-dessus.

exact • sixième • un texte • deuxième • des agneaux
soixante • six • excellent • les yeux • il examine

3. Barre l'intrus dans chaque série.

- je peux • doux • six • des vœux • des choux
- la boxe • un exercice • un taxi • il se vexe • il explose
- un examen • il exige • un exemple • une excuse • exactement

4. Mets les lettres dans l'ordre pour écrire le mot qui correspond au dessin.

XUROEB
un ___

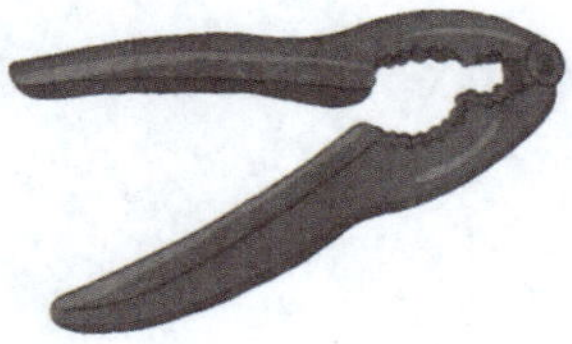
ACESS-IONX
un ___

AEHNOOPSX
un ___

XBHUIO
des ___

Écriture

Il examine les chevaux : le sixième est le plus doux.

Grammaire • Les déterminants (2)

page 202

1. Complète les phrases du mémo avec les mots suivants.

des • au • l' • voyelle

Les déterminants le et la deviennent ________ quand le mot qui suit commence par une ________ (ou un h).
On utilise du à la place de « de le » et ________ à la place de « de les ».
On utilise ________ à la place de « à le » et aux à la place de « à les ».

→ Mémo, p. 25

2. Relie chaque déterminant comme il convient pour former un nom.

du •	• pain • biscotte	l' •	• animal • zèbre
au •	• foire • zoo	aux •	• oiseau • oiseaux

3. Entoure les noms devant lesquels on peut écrire les déterminants le ou la.

chat • eau • sirop • herbe • fleur • école • lecture • ardoise

4. Complète chaque phrase avec le déterminant qui convient. Tu peux utiliser le même déterminant plusieurs fois.

l' • du • au • aux • de la

- Il tartine ______ confiture sur ______ pain.
- Elle va à ______ école ______ quartier.
- Il mange un gâteau ______ poires.
- Elle a rendez-vous ______ musée.
- Il glisse son marque-page ______ milieu ______ livre.

5. Réécris chaque phrase en remplaçant le mot souligné par celui entre parenthèses.

- On arrive à la <u>piscine</u>. (aéroport) → ________________
- On ramasse des <u>haricots</u>. (blé) → ________________
- Il aime les glaces à la <u>vanille</u>. (citron) → ________________
- Elle pense au <u>week-end</u>. (vacances) → ________________

Conjugaison • Le passé composé des verbes en -er (2)

1. Complète la conjugaison du verbe rester au passé composé.

je suis ______ / ______	nous ______ ______ / ______
tu ______ ______ / ______	vous ______ ______ / ______
il ______ ______	ils ______ ______
elle ______ ______	elles ______ ______

→ Mémo, p. 33

2. Complète la fin des verbes avec é, ée, és ou ées. Attention à l'accord du verbe avec le sujet !

- Des flocons sont tomb______ .
- Le brouillard est tomb______ .
- Des gouttes sont tomb______ .
- La neige est tomb______ .

3. Souligne les verbes conjugués au passé composé. Entoure l'auxiliaire avoir en bleu et l'auxiliaire être en vert.

- Hier, je suis allée à la brocante avec maman.
- Maman a trouvé un vieux panier à salade tout rouillé.
- Moi, j'ai acheté un bracelet argenté à 5 euros.
- Nous sommes rentrées à la maison très contentes.

4. Écris l'auxiliaire qui convient.

Quand les joueurs ______ entrés sur le terrain, ils ______ salué les spectateurs.
L'arbitre ______ arrivé puis il ______ sifflé le début de la rencontre.
Je ______ monté sur les épaules de papa pour mieux voir le match.

5. Conjugue les verbes au passé composé à la personne indiquée.
Attention à l'accord du verbe quand c'est l'auxiliaire être !

rentrer	manger
elle ______ ______	elle ______ ______
il ______ ______	il ______ ______
ils ______ ______	ils ______ ______
elles ______ ______	elles ______ ______

L'ATELIER des mots • Appliquer les règles de construction des mots (1) page 203

1. Trouve les mots à partir des définitions. Tu peux t'aider du dictionnaire pour orthographier correctement les mots.

- Le petit de l'aigle. → ______
- Le petit de la chèvre. → ______

- **Explique comment ces mots sont formés.** ______

______

2. Trouve les mots à partir des définitions et du mot de base souligné.

- Coller à nouveau. → ______
- Un petit jardin. → ______
- Un homme qui fait des dessins. → ______
- Retirer une vis. → ______
- Une fille qui va à l'école. → ______

3. Trouve le contraire des mots.

- visible → ______
- impossible → ______
- certain → ______
- enrouler → ______
- supportable → ______
- dévisser → ______

4. Remplace le mot de base souligné par un mot de la même famille.

- Le pompier a sauvé le blessé *de manière courageuse*.

→ Le pompier a ______ sauvé le blessé.

- Il *lit à nouveau* cette belle histoire.

→ Il ______ cette belle histoire.

- *Le petit du lion* joue avec ses frères.

→ Le ______ joue avec ses frères.

- La chèvre a *une petite cloche* autour du cou.

→ La chèvre a une ______ autour du cou.

- *L'homme qui conduit* l'autobus est très jeune.

→ Le ______ de l'autobus est très jeune.

Compréhension • Partie 3

pages 192-193

1. Relie chaque mot issu du documentaire à sa définition.

un esclave •	• Territoire réservé à une ancienne tribu.
une réserve •	• Personne née plusieurs générations avant.
un ancêtre •	• Personne privée de liberté qui est obligée de travailler pour quelqu'un.

2. Réponds aux questions.

• Comment les Indiens ont-ils accueilli les « hommes blancs » ?

____

• Qu'a fait le gouvernement américain quand les Indiens ont refusé de donner leurs terres aux « Blancs » ?

____

3. Numérote les étapes de la fabrication d'un totem dans l'ordre.

n° ____	n° ____	n° ____	n° ____
Décore les côtés du totem avec des motifs géométriques appréciés des Indiens.	Colorie-les ou peins-les, découpe-les et colle-les sur le rouleau les uns sous les autres.	Sur l'arrière du totem, tu peux coller des ailes décorées et découpées dans du carton.	Dessine sur la feuille des visages ou des têtes d'animaux.

4. Si tu étais un Indien ou une Indienne, quels vêtements et quels accessoires porterais-tu ? Quel serait ton habitat ? Écris ton portrait.

Je porte _______________

____

Je vis dans _______________

____

Dessine-toi.

Écriture

Les enfants du monde

Zuwena et Zuhri sont deux Zoulous du Zimbabwe.

Orthographe • Les groupes de trois lettres *scl, scr, str*…

page 204

1. Complète les mots des cases bleues avec les groupes de lettres suivants.

rbr • xcl • scl • scr • ctr • xtr • str

un e____ave		il enregi____e	
il s'e____ame		il in____it	
e____aordinaire		un a____e	
l'éle____icité			

→ Mémo, p. 15

2. Classe chaque mot dans le tableau ci-dessus, en face du mot qui contient le même groupe de trois lettres.

du marbre • une exclusivité • un muscle • l'escrime

une actrice • un extrait • une construction

3. Entoure le mot entre parenthèses orthographié correctement.

- Yann a été (esclu / exclu) du cours de natation.
- Éva est (inscrite / insrite) au centre de loisirs pour les vacances.
- Ma mère est une grande (lectrice / lextrice) de romans.
- Cette fête était vraiment (estra / extra) !
- Ce champion est (autraslien / australien).

4. Mets les lettres dans l'ordre pour écrire le mot qui correspond au dessin.

SRRBEA

des ____________

AACEILMNOTX

un point d'____________

EIMNNRSSTTU

des ____________

Écriture

L'inspecteur a photographié ce spectacle extraordinaire.

1. Relie les définitions aux mots du mémo qui correspondent.

Ils désignent des actions. •	• les adjectifs
On peut mettre un ou une devant eux. •	• les noms
Ils sont toujours placés devant les noms. •	• les verbes
Ils donnent des précisions sur le verbe. •	• les pronoms
Ils accompagnent les noms. •	• les adverbes
Ils sont utilisés en conjugaison. •	• les déterminants

➜ Mémo, p. 25

2. Écris un verbe de la même famille que le mot proposé.

- un chanteur ➜ ______
- rouge ➜ ______
- une explosion ➜ ______
- une boisson ➜ ______

3. Écris un nom de la même famille que le mot proposé.

- il marche ➜ ______
- nous jouons ➜ ______
- doucement ➜ ______
- rapide ➜ ______

4. Écris un adjectif de la même famille que le mot proposé.

- la chaleur ➜ ______
- ouvrir ➜ ______
- précisément ➜ ______
- l'acidité ➜ ______

5. Précise à quelle classe de mots appartient chaque mot souligné.

- Hier, il a applaudi le numéro <u>du</u> trapéziste. ➜ ______
- Ma petite sœur monte <u>rapidement</u> dans sa chambre. ➜ ______
- La <u>souris</u> grise court vite se cacher. ➜ ______
- Le chevalier <u>combat</u> courageusement le féroce dragon. ➜ ______
- <u>Elle</u> a patiemment cueilli des champignons comestibles. ➜ ______
- Il adore les desserts <u>glacés</u>. ➜ ______

Conjugaison • Transformer des phrases à différents temps

page 205

1. Conjugue le verbe entrer à la personne et au temps indiqués.

présent :	il ______	ils ______
futur :	il ______	ils ______
imparfait :	il ______	ils ______
passé composé :	il ______	ils ______

→ Mémo, p. 33

2. Indique le temps du verbe : *imparfait, passé composé, présent* ou *futur*.

- il est monté (______)
- je visiterai (______)
- elles voyageaient (______)
- ils ont bavardé (______)
- nous sommes (______)
- vous avez eu (______)

3. Entoure le verbe, écris son infinitif et coche le temps employé.

- Le dimanche, ils regardent le sport à la télévision.

→ infinitif : ______ ☐ passé composé ☐ imparfait ☐ présent ☐ futur

- Pendant les vacances, elles préféraient lire au soleil.

→ infinitif : ______ ☐ passé composé ☐ imparfait ☐ présent ☐ futur

- J'ai promené mon chien pendant une heure.

→ infinitif : ______ ☐ passé composé ☐ imparfait ☐ présent ☐ futur

- Cet après-midi, on jouera aux cartes avec papi et mamie.

→ infinitif : ______ ☐ passé composé ☐ imparfait ☐ présent ☐ futur

4. Transforme les phrases au temps indiqué.

- Maman pose les valises dans le coffre.

→ imparfait : ______

- Vous monterez dans la voiture.

→ imparfait : ______

- On a roulé pendant des heures.

→ présent : ______

- Enfin, j'arrive à la mer.

→ passé composé : ______

L'ATELIER des mots • Appliquer les règles de construction des mots (2) page 205

1. **À partir des mots de base, construis de nouveaux mots avec les préfixes de la liste.**

préfixes : re- • in- • dé- • im-

mots de base : dire • prendre • coudre • monter
disponible • prudent • faire • cousu

- ____________________ • ____________________
- ____________________ • ____________________
- ____________________ • ____________________
- ____________________ • ____________________
- ____________________ • ____________________
- ____________________ • ____________________

2. **À partir des mots de base, construis de nouveaux mots avec les suffixes de la liste.**

suffixes : -eur • -ier • -on • -eau • -ette

mots de base : la boxe • un plomb • un poisson • un jeu • une farce
une fille • un gorille • un loup • une statue • une banane

- ____________________ • ____________________
- ____________________ • ____________________
- ____________________ • ____________________
- ____________________ • ____________________
- ____________________ • ____________________

3. **Écris deux mots qui ont un préfixe et un suffixe. Utilise des mots de base de l'exercice 1.**

Exemple : infatigable

- ____________________ • ____________________

4. **Complète chaque mot avec le préfixe ou le suffixe qui convient. Attention aux accords !**

- Les Pueblos sont de paisibles agricult________ .
- Les Apaches sont des guerr________ redout________ .
- Les Sioux sont de grands chass________ .
- Les Sioux se ________placent sans arrêt avec leurs tentes qui se ________montent facile________ .

Récréation

DÉPART

Écris un mot où le groupe de lettres **et** produit le son **[ɛ]**.

Mets au pluriel.
un grand arbre creux

Comment s'appellent les mots en **-ment** comme **rapidement** ?

Écris le mot.

Retourne à la case « départ ».

Comment s'appelle l'arbre qui donne des **citrons** ?

Écris le verbe **avoir** à la 1re pers. du pluriel à l'imparfait.

Écris trois verbes synonymes du verbe **dire**.

Écris les lettres qui produisent le son **[k]**.

Avance de deux cases.

Écris un nom homophone de **dans**.

Écris le temps de ce verbe.
ils marchaient

Que faut-il mettre au début d'une ligne dans un dialogue ?

Écris le mot.

C'est ____________ .

Passe deux tours.

Écris un complément qui donne une information sur le lieu.
Il dort ____________

Écris le verbe **donner** à la 1re pers. du singulier au passé composé.

À quelle catégorie appartiennent les mots **vélo**, **voiture**, **moto** et **camion** ?

Avance de deux cases.

Écris le mot.

Comment s'appellent les mots **la**, **un**, **mon**, **ces** ?

ARRIVÉE

Joue avec un ou plusieurs camarades. Il faut un dé et des pions pour avancer.

Écris l'infinitif et le temps de ce verbe.
nous aurons

Recopie dans l'ordre alphabétique.
grand • gras • gris

Passe un tour.

Écris le mot.

Transforme à l'imparfait.
il est

Écris le mot de base de scolaire.

Rejoue.

Mets au féminin pluriel.
mon petit cousin

Complète le mot avec le son [g].
une ____itare

ansforme au passé
mposé.
restait

Recopie le complément du verbe.
Le chat lance une balle.

Écris le verbe dire à la 2e pers. du pluriel au présent.

Écris le mot de base de increvable.

Écris le temps de ce verbe.
ils ont dansé

Écris un nom et un adjectif de la famille de glace.

Passe un tour.

Recopie dans l'ordre alphabétique.
cane • canard • canne • caneton

Rejoue.

Écris le mot.

Passe un tour.

Entoure les lettres s muettes.
plusieurs saucissons

Écris deux mots de la famille de plonger.

Écris l'infinitif de ce verbe.
ils vont

Évite la répétition du sujet.
Paul tombe. Paul pleure.

Générique de l'ouvrage

Conception graphique, mise en pages et couverture : Anne-Danielle Naname, Laure Gros

Illustrations intérieures et de la couverture : Élodie Pasgrimaud

Coordination artistique : Domitille Pasquesoone

Édition : Soraya Kerchaoui-Matignon, Anne Pérez

N° éditeur : 10177741 - Dépôt légal : Mai 2012

Imprimé en France par l'imprimerie Pollina - L10795

IMPRIM'VERT Votre imprimeur agit pour l'environnement

FSC www.fsc.org MIXTE Papier issu de sources responsables FSC® C022030